U0690906

培养习惯的游戏 · 增强自信的游戏 · 提升亲子关系的游戏 · 让兴趣持久的游戏

管理情绪的游戏 · 使学习变轻松的游戏

游戏，
破解教育难题的
金钥匙

- 近百个轻松实用的小游戏
- 来自7万名家长关注的"华川家庭课堂"
- 超过500个家庭提供有效实践反馈

华 川 · 著 陈意川 · 配图

WUHAN UNIVERSITY PRESS
武汉大学出版社

图书在版编目(CIP)数据

游戏,破解教育难题的金钥匙/华川著;陈意川配图. —武汉:武汉大学出版社,2019.12

ISBN 978-7-307-21101-8

Ⅰ.游…　Ⅱ.①华…　②陈…　Ⅲ.儿童教育—家庭教育
Ⅳ.G782

中国版本图书馆 CIP 数据核字(2019)第 180014 号

责任编辑:路亚妮　　责任校对:杨赛君　　装帧设计:吴　极

出版发行:**武汉大学出版社**　(430072　武昌　珞珈山)

　　　　　(电子邮箱:whu_publish@163.com　网址:www.stmpress.cn)

印刷:武汉乐生印刷有限公司

开本:880×1230　1/32　印张:6.375　字数:135 千字

版次:2019 年 12 月第 1 版　　2019 年 12 月第 1 次印刷

ISBN 978-7-307-21101-8　　定价:28.00 元

序：神奇的游戏

2016年，在儿子八岁、女儿三岁多的时候，我成了一名正面管教家长讲师。随后半年，我与另外几名正面管教讲师一起开设了"华川家庭课堂"。在家庭课堂的运营过程中，我接触了很多家长，他们带着各种大大小小的养育难题、教育难题来参加我们的课程训练。在按部就班地开展课程的同时，有些家长会问一些亟待解决的棘手问题，这时候，我知道常规的道理和方法往往都有些"远水解不了近渴"，便试着把自己在养育两个孩子的过程中常用的"游戏"法传授给了家长们，很快，我就收到了"迅速起效"的反馈。

许多家长毫不吝啬地给予赞誉："游戏的效果太神奇了，孩子的反应让我惊喜！"

最初，我只是把游戏育儿法当成应急的雕虫小技。不久之后，我阅读了美国心理学家劳伦斯·科恩博士的著作《游戏力》，在这本书里，科恩博士把"游戏"提升为一种非常重要的养育理念。他从心理学的角度证实，在养育孩子的过程中，游戏具有不可替代的价值。

同时，还有许多心理学家对游戏育儿法给予了高度评价，美国心理学家罗杰斯与萨依尔认为，游戏是生命的主要元素。

我开始认真地对待游戏育儿法。尽管多年以来，我在养育两个孩子的过程中，经常使用各种游戏，尤其是我跟两个孩子一起原创了许多游戏——之前我只把游戏当成自己与孩子们之间的亲密暗语或"私房菜"，现在我才知道它具有普适性。

　　我首先在"华川家庭课堂"推广了自己跟孩子们常玩的一些游戏（在不同的场景下，解决不同问题的几十种游戏），没想到获得了家长们的空前好评，尤其在解决一些长期令家长们头痛的"僵局"问题上，游戏育儿法取得了出乎意料的效果：一直不肯使用马桶的宝宝，忽然愿意自主如厕了；害怕打针的孩子，勇敢地伸出了胳膊；一写作业就崩溃的孩子，情绪也好转了……

　　在上完我的家长课后，很多家长呼吁，希望我能出一本专门教授游戏育儿法的书。带着这个目标，我又钻研了国内外很多与游戏育儿法相关的著作，并专程拜访了科恩博士。更重要的是，我把新学到的游戏方法在自己孩子身上进行了试验、改良，从而总结出了既有效果又方便操作的游戏方案。

　　我最早的游戏实践，主要是针对学龄前孩子，用以解决低龄孩子的情绪、习惯等问题，随着自家两个孩子先后达到学龄阶段，学习任务开始增多，我又新增了很多游戏方案，用以解决孩子们在学习中遇到的各种难题。我越来越深刻地感受到，游戏其实可以跨越各个年龄段，解决不同类型的问题，即便是成年人，也可以使用一些欢快的游戏来解决问题。

　　当然，这本书主要还是向大家介绍适用于孩子与孩子、家长与孩子共同进行的游戏。同时，我还会在书中教大家一些"自创游戏"的方法，让游戏的灵感源源不断地涌入你的人生。

59 **第四章**
用游戏提升情绪管理能力

121 第六章
游戏，让学习充满乐趣

游戏，
破解教育难题的
金钥匙🔑

第一章

游戏的意义

＊ 会游戏和不会游戏的差别

我是两个宝宝的妈妈，两个孩子年龄相差四岁半，但养育大宝儿子和二宝女儿的体验，可以说是天壤之别。第一次做母亲时，我没有经验，没有耐心，再加上工作繁忙，也没时间系统地学习怎么养育孩子，所以，抚养大宝前几年的感受，就两个字——崩溃。

这里随便还原养育大宝的一个日常：

早晨七点，我把熟睡的儿子唤醒，让他先穿衣洗漱，同时我去准备早餐。二十分钟后，早餐准备好了，儿子却又重新入梦。我着急大叫："该起床了！今天幼儿园开运动会！"

儿子忽然惊醒大哭："你怎么不早点叫我？老师说运动会不能迟到的！！呜呜呜——"

因为哭得太崩溃，衣服也穿不上了，又嫌裤子不好看，眼看时间不够，我奋力把孩子拽起床。

终于把孩子弄出门，到了幼儿园大门口，只见彩旗飘扬，很多小朋友已经排队站好，我加速把孩子往前拉，孩子忽然调头往回走："我不去幼儿园了，我不参加运动会了！"

问他原因他说不清，我想鼓励也无从下手，孩子哭喊着挣脱我的手，直接往回跑。

我一边追着孩子，脑子乱成一锅粥：先想到前一天"低三下四"地向上司请假，又想起提前一个多月陪孩子天天排练，再想到早上费了"牛劲"才把孩子送出门，没想到最后功亏一篑。心情真是糟糕透顶……

　　这都是多年以前的场景了，至今仍然历历在目，为什么连细节都记得如此清晰？一方面是当年受的刺激太大，印象深刻，另一方面是经常有妈妈向我咨询类似的问题，反复启动我大脑的回放按钮。

　　神奇的是，当我跟大宝川哥谈起这些经历时，他自己也印象深刻，并且拿出纸和笔，把回忆中的场景都画了出来。

　　后来，我把出现最多的几种"崩溃场景"集合起来发表在了公众号"二胎妈妈圈"上，引起了许多家长强烈的共鸣，看来父母们遇到的挑战，大致相同。

【崩溃场景之一】晚上哄睡

陪孩子讲睡前故事，讲完一个又一个，算着时间该关灯睡觉了，孩子忽然要下床："我还要看动画片呢！"

【崩溃场景之二】早上赖床

每天早上叫孩子起床都得使出浑身解数，好不容易起了床，孩子仿佛还在梦游，牙不好好刷，脸不好好洗，一肚子起床气。

【崩溃场景之三】不合时宜的大小便

　　孩子经常一出门就要尿尿，一吃饭就要大便。提前提醒孩子如厕，他们从来不予理会。

【崩溃场景之四】乱穿衣

　　严寒的冬天，孩子要穿蜘蛛侠T恤衫；艳阳高照的夏天，孩子要穿雨衣、雨靴扮超人……

【崩溃场景之五】逃离幼儿园

孩子一般过完周末就不想上幼儿园，千辛万苦地哄到幼儿园门口，孩子忽然掉头逃走。

【崩溃场景之六】不好好吃饭

辛苦下厨一个小时，热情满满地摆好一桌子菜，孩子只看一眼就说不想吃。

【崩溃场景之七】喜欢购物

孩子是天生的购物狂人，哪怕家里有类似的玩具，看见新的还是要买……

【崩溃场景之八】打针吃药

哄孩子吃药，比登天还难。偶尔打个预防针、查个指尖血，孩子就大喊大叫，几个人才能摁得住。

【崩溃场景之九】辅导作业

看似简单的问题，孩子完全不能理解；反复讲解了十几遍，孩子依然一脸茫然。有时候对自己的智商也产生怀疑。

【崩溃场景之十】要生姐姐

怀着二宝时，孩子一会儿想要个弟弟，一会儿想要个姐姐，可惜最终都没如愿。

看到这些场景，相信很多家长都能产生共鸣：

"我不是一个人在战斗！"

"我家那个火星小怪兽，也不是独一无二的。"

的确，大多数育儿问题，都是孩子成长中必然出现的典型问题。随着孩子成长，很多问题可以自然而然地缓解，回头来看，一切都风轻云淡。可是对于正在经历这个过程的家长来说，依然是烦恼重重。

即便对于我这个已经有过一些育儿经验的二胎妈妈，在养育第二个孩子时，还是不想重复那些不愉快的经历。

是的，当我决定生二胎时，我便下定决心不再跌进那些育儿的"旧坑"，所以，我辞职做了一段时间的全职妈妈，从一个地道的工科生，努力向教育学、心理学方向转型。

二宝闺女出生的头一年，确实比大宝哥哥当年温顺好养。而当"terrible two"来临时，这个小妞开始重演她哥哥当年的崩溃场景。孩子还是一样的孩子，但妈妈却不是当年的妈妈。

比如某个寒冬的清晨，闺女也会赖床不起。

我因为系统学习过时间管理，早已适应了早睡早起。我清晨五点多起床，收拾屋子，处理工作，做好早饭，还能在优美的晨间音乐里做半小时瑜伽，然后心情愉悦地躺在女儿身边，轻轻拥抱一下那个软软的身体，在她耳边悄声说："宝贝，美梦做完没有，快醒了吗？"

有时候孩子能乖乖醒来，而有时候她会翻身蒙上被子，让我走开。

作为正面管教的践行者，我可以保持温和而坚定的态度。更重要的是，温和能让我的大脑充满灵感，几分钟内，我可以创作出很多有趣的游戏。

我揉揉她的小腿，她的腿动了——"哟，你的腿已经醒了。"

我拍拍她的身体，她翻了个身——"哟，你的身体也醒了。"

我捏捏她的小手，她的小手也动了——"哟，你的手指头也醒了。"

我亲亲她的小脸，她咧嘴笑了——"哟，你的嘴巴也醒了！坏了，嘴巴里的牙细菌也醒了，它们要拿你的牙齿当早餐呢，咱们赶紧起床刷牙吧！"

女儿就顺从地从被窝里钻出来，坐起来，闭着眼睛告诉我："妈妈，我的眼睛还没醒。"

"没关系，小熊毛巾会叫醒你的眼睛。"

一切收拾妥当，临出门时，女儿又要穿那双连续穿了半个月的小蓝鞋，这时，小红鞋就开始恳求了："主人，穿着我去上幼儿园好不好？你已经好久没带我出门了。"

同时小蓝鞋也恳求道："主人，请让我休息两天好不好？我需要在家洗洗澡，你闻闻我身上都发臭了。"

我拿着小蓝鞋假装要放到女儿鼻子前，女儿笑嘻嘻地躲开了，乖乖换上了小红鞋。

所以，在那些讲不通道理的时刻，"游戏"就成为父母与孩子之间最好的交流方式。

我在养育女儿的过程中，遭遇的大部分冲突都能被"游戏"轻松化解。

回头来看，当大人孩子为了某一件事陷入僵局时，崩溃和欢笑之间，只隔着一个游戏。

＊ 游戏的意义，比我们想象得深远

在践行游戏育儿法两年多后，我见到了来自美国的劳伦斯·科恩博士。科恩博士是一位擅长"游戏治疗"的心理学家，也是一位曾陪伴女儿长大的爸爸。在谈到女儿起床穿衣的游戏时，科恩博士用的是角色扮演的方法，他两手各拿一个玩偶，然后两个玩偶互相争论说：

"你看那个孩子，她不会自己起床穿衣。"

"不，我相信她可以自己起床穿衣，我打赌她一定能行！"

在来回的争吵中，小女孩让信任她的那个娃娃赢了，自己愉快地起床穿衣了。

很多家长会质疑：孩子有没有不想玩游戏的时候呢？

科恩博士认为，如果孩子长时间陷在负面情绪中，就很难快乐地游戏。那是因为他们被困在孤独感和无力感的堡垒中，找不到出口。这时家长应该怎么做呢？家长首先需要跟孩子建立情感联结，用关怀、拥抱和陪伴的方式。有时候，游戏本身就可以建立情感联结。

许多成年人，尤其是忙碌的爸爸妈妈们，对与孩子一起做游戏存在抵触心理，他们想的是孩子应该自己玩、跟朋友玩，放手让孩子自己玩耍，才会培养孩子的独立性。

的确，孩子需要自己独立玩耍的时间，但有些时候，孩子仍然需要同大人一起玩游戏。因为游戏是孩子跟父母建立联结的重要方式，它的意义，比交谈更重要。

在我的家长课堂上，我曾遇到这样一位家长（简称A爸），A爸曾是一名外企高管，早年无暇顾及孩子的管教，在发现亲子关系出现问题之后，再三权衡，辞掉了工作，专心陪伴孩子。一年多全职陪伴的时间过去了，然而，情况并没有变得更好。

A爸说："过去的一年，我真的是在全心全意围着儿子转。每天很早起来给儿子做早饭，然后亲自送他上学，按时接他放学，放学回家以后，认真敦促他做家庭作业，然而，我和儿子之间的关系不但没有得到改善，反而变得更加紧张。儿子完全听不得我的教育和批评，我一说他，他看我的眼神全是愤怒和仇恨。"我问A爸："孩子跟你在一起时，有很放松很快乐的时候吗？"

A爸认真思考了几十秒说："不太多。"

"除了照顾孩子的生活、辅导孩子的学习，你带孩子做过什么有意思的事情吗？陪孩子玩过游戏吗？"我接着问。

"没有，孩子已经不小了，他可以自己玩了。"A爸回答。

我很快找到了问题的根源，正如科恩博士所言，这位爸爸虽然为孩子做了很多事情，但缺少最关键的一环：通过游戏，跟孩子建立亲子联结。

如果说衣食住行给孩子提供了基本的生理满足，那么游戏则能带给孩子精神上的安全感和满足感。

当父母感到与孩子关系紧张时，建议先陪孩子玩一玩，放下家长身份，痛快地与孩子打成一片，你会看到神奇的效果。

我的家长课堂上另外一位妈妈L女士，提出了这样一个难题："女儿已经上幼儿园中班了，感觉还是没有融入大集体，前些天参加一次幼儿园公开课，其间老师组织小朋友玩一些游戏，女儿都只是黏着我，我怎么鼓励，她都不肯参与。"

我建议L女士带着孩子一起参加游戏，孩子的积极性会更高一些，L女士说不太好意思。

我问L女士在家是否有陪孩子玩过游戏，她的回答是很少。

我大概看得出来，这位妈妈也是一个行为拘谨的人，而女儿身上也多少带有这样一些特质。但家长通常很难像接受自己一样接受孩子的一些特质，总是希望孩子更活泼一些、更外向一些。

不同的孩子有不同的先天性格特征，外向或内向都不是缺点，无所谓好坏，如果家长希望孩子朝着自己认为的理想状态发展，也可以做一些后天的教育和引导，但一定不能使用蛮力，否则会适得其反。

而游戏，正是一种温和的引导方式，它能使孩子在轻松愉快的情景里，慢慢得到锻炼。所有希望孩子变得外向、社交能力变强的家长，都可以使用游戏育儿法，在孩子还不适应跟其他人玩游戏时，家长可以先自己带着孩子玩。

爸爸妈妈、爷爷奶奶，甚至家里的宠物、玩偶，都可以参与到游戏中来。孩子先学会跟最亲近的人玩游戏，慢慢地也会跟其他小朋友玩游戏，时间长了，就不那么拘谨了。

游戏也是培养孩子社交能力的有效方法之一。

在我的家长课堂上，有一位D女士咨询了这样一个难题：

D女士正在辅导刚上小学的儿子背诵唐诗，孩子根本不愿意开口诵读。

"邻居家的女孩，还在上幼儿园时就会背上百首唐诗了，我儿子连课本里的几首都不会背，你说他是不是有什么障碍？"

"你是怎么教他背诵的呢？"

"我要求他每首诗读五遍，他不情不愿，很敷衍地读了几遍，结果还是不会背诵。""你可以试试跟孩子玩一个游戏。"我提出了建议。因为我在家也经常陪两个孩子玩与学习有关的游戏。我在养育孩子的时候很注重亲子阅读，所以孩子们的词汇量不错，有一次晚饭后，两个孩子自发玩起了词语接龙的游戏，非常欢快。在此基础上，我又发展了"诗词接龙"的游戏。爸爸说"鹅鹅鹅"，幼儿园的闺女赶紧接上"曲项向天歌"。我说"两个黄鹂鸣翠柳"，上小学的儿子就接上"一行白鹭上青天"。

这个游戏玩得久了，收获最大的是女儿，她记住了哥哥课本上的大多数唐诗。

在两个孩子的学习过程中，不仅仅是语文，对于数学、英语，以及钢琴练习，我都采用了很多游戏的方法，取得了良好的效果。

随着孩子们年龄的增长，游戏的意义越来越超过我的想象，除了有助于促进亲子关系、管理情绪、培养习惯、提升社交能力等，还可以解决专注力、学习方面的诸多问题。

然而，这些方法不是任谁拿去简单套用一下就能起效的。

D女士说："我非常忙，也很疲惫，恐怕没心情陪孩子玩游戏。"

L女士也反馈："我想陪孩子玩游戏，可是孩子不配合。"

游戏是开启教育之门的钥匙，但在进门之前以及进门之后，还有很多事情要做。

✳ 游戏，开启教育之门的金钥匙

教育是一项复杂的系统工程，仅仅掌握某一项方法、某一种技能，往往解决不了根本问题。这也是许多家长，虽然学习精神十足，看了一些书籍和文章，也模仿着做了许多尝试，但效果不尽如人意的原因。

在这里，我们可以做一个比喻：把家庭教育的知识体系，比喻成一座房子。房子首先要有坚固的地基，以正面管教为核心理念来建立良好的亲子关系，就是给房子打基础；其次，家长做好自己的时间管理、生活规划，才可以保证有足够的精力和体力来面对育儿中的挑战，所以，时间管理技能可以当作房子的窗户，提供阳光和空气；最后，每一个房间对应着教育的一个分支领域，比如，一号房间是情绪管理，二号房间是沟通方法，三号房间是学习习惯，四号房间是兴趣特长……

本书所提到的游戏育儿法，就好比打开每个房间的钥匙，可以让家长快速找到解决某一类教育问题的切入点。

但是，如果房子根基不稳，即家长与孩子感情淡漠，关系疏远，整个房子就是摇摇晃晃的，极不安全。

另外，如果家长没有做好自己的时间管理、精力管理，总是处在疲惫焦虑的状态，就好比房间里缺少空气和阳光，也很难持续地、有耐心地做好家庭教育。

在华川家庭课堂的21天线上家长训练营里，我们会带领家长一步一步地系统解决家庭教育中所涉及的各种问题。第一层目标，就是带领家长学习时间管理知识，提升自己的精力和效率。第二层目标，通过正面管教的方法，帮助家长温和而坚定地解决日常冲突问题，一点一点地稳固亲子关系（可参考《温和而坚定地养儿育女——二胎妈妈正面管教践行记》）。第三层目标，教授一些具体的解决问题的方法，游戏育儿法则是其中之一。

现在回头反思，家庭教育这座大楼，你目前搭建得如何了呢？根基是否稳定？阳光是否充足？如果这些都没问题，游戏育儿法就会很好地发挥作用。

如果很遗憾，前面几步还没走好，那有没有必要现在就开始学习游戏育儿法呢？

有挑战存在，并不是我们停滞不前的理由。

要解决任何问题，都得从切实的行动开始。

是的，你总得从哪里开始。

今天你手里已经拿到了这本书，那就从这本书开始，从学习游戏育儿法开始。

当你在运用过程中发现了问题，再回头去补基础、补阳光，也来得及。

同时，这本书里也有与培养亲子关系、提升时间管理能力相关的游戏方法，你先做着试试看，没有什么坏处。

钥匙已经拿到手了，我们先开门进去看看吧。

游戏，
破解教育难题的
金钥匙

第二章

培养亲子关系的游戏

如何培养良好的亲子关系？

我们先分析一下什么叫作"关系"。建立关系，首先要有"接触"，包括肢体的接触、眼神的接触、语言的沟通等。接触越多，关系就越近；接触时感觉越好，关系就越好。

在教育心理学领域，出现得较频繁的一个词是"联结"，这个词很形象地比喻了"关系"的构建。我们可以把建立关系的对象想象成最常用的一个物件——手机，如果你要用手机发信息，必须保证有网络信号的联结，信号越强，沟通越顺畅。

而很多缺乏感情联结的亲子关系，就好比对着一部失去网络信号联结的手机，你发送任何信息，都不会有回应。

正面管教有一条非常重要的原则——纠正之前先联结，就是强调要改善孩子的问题，必须先跟孩子建立良好的亲密关系，然后家长的"操作"、家长的努力，孩子才会感应得到，才会积极配合。

所以，建立亲子联结，是教育孩子的前提。本书首先要介绍的，就是一系列关于建立联结、培养亲子关系的游戏。

＊第一组游戏　打破拘谨　建立联结

"镜子"游戏

建立联结可以从婴幼儿阶段开始。对于几个月大的宝宝而言，父母模仿孩子行为的"镜子"游戏，就是一种很好的建立联结的方法。孩子笑，你也对着他笑；孩子吐舌头，你也同样伸出舌头；孩子摇头晃脑，你也学着摇头晃脑……孩子会因此非常开心，因为他感受到你的"信号"了，他知道自己的行为能够得到你的回应，他觉得自己很有力量，不再孤单。

"镜子"游戏就是这么简单，效果却非常神奇。

在女儿几个月大时，我就带她经历了一次长途旅行。在火车站排队的时候，抱袋里的女儿开始焦躁不安。这时候，我就认真看着她的脸，做她常做的吐舌头动作，女儿观察了几秒就开始模仿，然后我又做摇头晃脑的动作，女儿也开始跟着摇头，一会儿就不那么焦躁了，逐渐露出了笑容，枯燥的排队时间也成了我们建立联结的亲密时光，不那么难熬了。

对于再大一些的几岁的孩子，家长同样可以跟他们玩"镜子"游戏，但是，要注意自己的行为尺度，不要让孩子觉得你在嘲笑他们。

　　一个四岁的男孩喜欢黏着妈妈，不肯和小朋友一起玩耍，这时候，孩子爸爸就模仿儿子的表现，一边说"我不要跟他们玩，我要妈妈陪"，一边学着孩子的样子，往妈妈身上靠。爸爸的模仿行为把孩子逗笑了，而欢笑很快就打破了拘谨，孩子便大大方方地加入了伙伴的队伍一起做游戏。

　　拥抱，永远是最简单、最有效的建立联结的方式。当家长和孩子，任何一方感觉不太好时，家长都可以对着孩子说："我需要你的拥抱，真的，我很需要一个拥抱。"为了让拥抱像游戏一样更有趣，下面介绍一个"卷心菜抱"游戏，可以全家人一起来玩。

"卷心菜抱"游戏

　　有的时候，不仅是妈妈和孩子需要建立联结，妈妈和爸爸、爸爸和孩子、家里的大孩子和小一些的孩子，也需要建立联结。那么不如大家一起来拥抱吧。

　　"卷心菜抱"游戏的原创发明者是我的女儿。在女儿三岁左右时，有一次川爸当着女儿的面拥抱了我一下，女儿很诧异地看了我们一会儿，然后跑过来说："我也要抱，我也要抱。"

　　"你要谁抱？爸爸抱还是妈妈抱？"

　　"我要爸爸妈妈一起抱着我，把我放中间。"

　　我们便满足了女儿，把她抱在了两人中间，女儿非常开心，她"咯咯"地笑着说："好像一棵卷心菜啊。"

　　这时候，儿子也被笑声吸引了，也跑过来要一起抱，于是我们把儿子也放在中间，四个人抱在一起。我们就把这个游戏命名为"卷心菜抱"，家长在外围当"菜叶"，孩子在中间当"菜心"。

　　我们后来还探索出一个标准的卷心菜抱的玩法，首先哥哥抱着妹妹站好，然后我跟爸爸在外围伸手合抱。这样一来，哥哥拥抱着妹妹，爸爸拥抱着妈妈，爸爸妈妈也同时拥抱着两个孩子，一家人都紧密地联结在一起了。

　　有一次，我跟川爸发生了争执，女儿显然想阻止我们，但她不会讲什么道理，就大声叫道："爸爸妈妈，我们要玩卷心菜抱，卷心菜抱！"

　　看着可爱的女儿，我跟川爸暂停了争执，把女儿拥在中心一起完成了卷心菜抱。

　　有时候，兄妹俩发生了争执，在"战争"还没升级时，我也会提议大家来玩卷心菜抱，抱完之后，大家心情好多了，矛盾也更容易处理了。

＊第二组游戏　解决分离焦虑

分离，是成长过程中必然要面对的，分离焦虑，也是孩子常见的一种情绪。强硬的、冰冷的分离，无疑会破坏孩子的安全感，破坏亲子关系。所以，我们需要一些温和的游戏办法，帮助孩子提前训练，缓解孩子的分离焦虑。

躲猫猫和捉迷藏

孩子很小的时候，家长就可以跟他们玩躲猫猫的游戏。玩法很简单：妈妈用手蒙住自己的脸，几秒钟后再把手拿下来，这就让孩子知道，妈妈会消失，妈妈也会出现。孩子可以通过这样的游戏，慢慢适应短暂的分离。

　　当孩子会走路了，你可以陪孩子玩捉迷藏的游戏。最开始，你可以藏在一个孩子比较容易找到的地方，之后慢慢地增加孩子寻找的难度，孩子会在一段时间的寻找过程中，适应短暂的分离。

　　捉迷藏游戏几乎所有孩子都爱玩，这个游戏除了可以帮助孩子逐渐适应分离，还有更多的作用，比如：

　　锻炼孩子的自控力。在其他人藏好之前，自己不许提前偷看；当自己藏好了，也要在一段时间里保持安静，控制好自己的身体。

　　锻炼孩子的观察力。寻找藏起来的人，需要很强的观察力，观察窗帘后面有没有人影，观察门的背后，观察家具的转角……

　　锻炼孩子的逻辑推理能力。"上一次他藏在这里，这一次应该会换一个地方。""藏在窗帘后面会露出脚，容易被发现，蹲在沙发后面会不会更安全？"

　　这样一个看似简单的游戏，可以锻炼孩子的各项能力，并且孩子还会欢快地来回跑动，让身体也得到锻炼。这样的游戏，家长一定要多陪孩子们玩。如果家里有两个以上孩子，也可以引导他们自己玩。需要注意的是，玩之前要做一些安全方面的约定，比如，不要藏在容易倾倒的柜子里。

牵绳游戏

首先，妈妈提议："我知道你不喜欢我走开，那咱们来量一量，看看我走多远你就会伤心。"一开始，妈妈先紧紧地搂着孩子，问："这么远怎么样？开始伤心了没有？"这一定会引得孩子大笑起来，然后分开一点，再分开一点，直到孩子喊停。停下以后，用一根绳子或者一卷卷尺，量出这一轮孩子可以承受的最大分离距离。也可以把绳子的一头交到孩子手里，让他慢慢往远处走，直到他觉得不可以再远了。

还可以让孩子牵着绳子不动，家长拿着绳子的另一头往后退，边后退边报自己的步数，也就是不断加大的距离数，每次孩子找到刚好能承受的临界点时，家长就停下来，量一量距离，然后用一个大大的拥抱，与孩子亲密联结。

　　如果孩子出于逃避而拒绝这个游戏，我们就拖着绳子，滑稽地追着他满屋子跑，让他"咯咯"笑出来。

　　绳子在游戏中的作用是，帮助孩子挑战更远分离距离的同时，让他们始终能感觉到与家长之间存在着某种显而易见的联系——两个人同时拿着一根绳子。

秘密任务

这个游戏适合年龄稍微大一些，但是仍然害怕离开父母的孩子。我们可以给孩子指派一个秘密任务，比如找东西，或者给另外一个房间里的东西拍照。

"妈妈请你完成一个秘密任务——在主卧里找出一个长方形的纸盒子。"

"请你帮我给书房里的台灯拍一张照片，我要做秘密档案。"

我们可以先从距离比较近的地方开始，再逐渐让执行任务的地点越来越远。与此同时，我们要给孩子一个安全可靠的"大本营"，每当孩子需要时，就可以回到"大本营"加油充电。当孩子准备好了，可以再次领取新的任务。

有些孩子在完成任务之后，会特别期待得到一个奖状之类的肯定，家长可以提前准备一些勋章贴纸，用于奖励完成任务的孩子。有时候，家长就用一个大大的拥抱和亲吻来奖励孩子，孩子也会很满足。

笨重的鞋子和包裹

这个游戏适用于分离焦虑正在发生的时刻。比如当你早上要出门上班，孩子紧紧地抱住你的腿不让你离开，你可以用滑稽的语调说："哎呀，我穿了一只好大好重的鞋子呀，腿都迈不动了！"

如果孩子趴在你的背上不下来，你就说："哎呀，我背了一个好大好重的包裹，都走不动了！"

孩子通常会被夸张的比喻和滑稽的动作逗笑，当孩子笑了，他的焦虑就减少了一半。

模拟上幼儿园

几乎每个孩子在上幼儿园时都会产生分离焦虑，无论家长提前做了多少准备。

我的女儿在刚上幼儿园的第一个月里，有非常严重的分离焦虑，每天从起床开始哭，一直哭到幼儿园，我跟她告别离开后很长一段时间里，她的哭声还在我耳边回荡。我是一名正面管教妈妈，可以每天做到温和的坚持，但对于从小就很少离开妈妈的孩子来说，这依然是一个很难迈过的坎。

"妈妈，我就是不想去幼儿园，我就是不想离开你。"

对很多孩子而言，幼儿园是一个全新的生活环境，而孩子要在离开妈妈陪伴的情况下，去一个陌生环境待一整天，这确实需要花时间适应。

周末时，我开始跟孩子在家里玩模拟上幼儿园的游戏。我们用布娃娃、沙发、椅子等来模拟幼儿园的场景，我把小布娃娃放到一个象征着幼儿园的椅子上，然后假装小布娃娃在哭泣，说："不要走，妈妈。"

同时，我用另外一只手拿着更大的布娃娃，假装是妈妈，让"妈妈"紧紧抱住那个哭泣的小布娃娃。过一会儿，"妈妈"离开了，小布娃娃又哭起来，我又拿出另外一个布娃娃假装是老师，对小布娃娃说："不要害怕，老师会一直陪着你。"然后让"老师"抱着那个哭泣的小布娃娃。

女儿看着每天发生在自己身上的场景在家里以一种游戏的方式上演，她感觉轻松多了。

最开始，是我一人轮流扮演宝宝、妈妈和老师，后来孩子也加入进来，刚开始她扮演宝宝，然后又尝试扮演妈妈、老师。我们经常玩这种游戏，在放学后孩子心情好的时候我们也玩，我们的扮演特别准确地还原了早上我跟女儿在幼儿园分离的场景，女儿会忍不住笑出来。

在下一次送女儿上幼儿园的路上，如果孩子又伤心起来，我会提醒她说："你还记得那个上幼儿园的娃娃吗？她上幼儿园也会哭，但是她妈妈会拥抱她，老师也会抱她。"女儿得到了一些安慰，心情能平静一小会儿。

如果家里有积木，我们也可以用积木来拼出一座小房子当幼儿园，然后用积木中的小人扮演上幼儿园的宝宝、妈妈和老师。

这些游戏不是玩一次就有效，不是玩过以后孩子立刻就爱上幼儿园了，但游戏带来的放松的感觉，会慢慢渗入孩子的内心。在游戏的时刻，孩子更能"旁观者清"，能意识到自己跟小娃娃一样，其实一直是安全的，是被人爱着的，他们也就不会对上幼儿园感到那么恐惧了。

✳ 第三组游戏　缓解手足争斗

在多子女家庭中，孩子与孩子之间，多多少少都有些竞争关系，尤其是年幼时对父母关爱的争夺。如果处理不好这些竞争，也容易让某一个孩子甚至所有孩子都丧失安全感。接下来，我将介绍几个适合多子女家庭玩的游戏。

"充电"游戏

妈妈可以先让孩子们按照身高排队站好，也可以在玩过"卷心菜抱"游戏之后，正式宣布："现在，我要用爱来给你们充电了。"

妈妈先抱过来一个孩子，从他的腿亲吻到头顶，然后对孩子说："好啦，你的电已经充满了，接下来，我要给弟弟充电了。"

如果孩子年龄较大了，可以换一种玩法，即妈妈轮流站在每一个孩子身边，用手抚摸孩子，从脚抚摸到额头，然后来一个大大的拥抱，告诉孩子："你的电已经充满啦。"

　　"充电"游戏可以随机玩，也可以作为家庭日程固定下来，在每天某一个固定时段玩，比如晚饭后八点开始。这就形成了一种固定的仪式感，让孩子每天都有所期待。

　　当孩子们在其他时间黏着妈妈或争夺妈妈时，妈妈可以说："大家看看时间，到了八点就可以给你们挨个儿充电了，现在大家先自己去玩一会儿。"

"爱之蛋"游戏

与"充电"游戏一样，家长可以让孩子们排队站好，然后拿起一个"鸡蛋"（用玩具代替），告诉孩子们："这个蛋里面装满了妈妈的爱。"接着拿起"鸡蛋"，在一个孩子的头上敲一敲，然后假装"鸡蛋"碎了，里面代表爱的"蛋液"都流出来了，这时妈妈用手指把"蛋液"抹在孩子的头发上、皮肤上……直到全身涂满为止，涂完后告诉孩子："现在你全身都涂满了妈妈的爱了。"之后再叫下一个孩子来敲"鸡蛋"。

点蜡烛游戏

简·尼尔森博士在她的一次讲座里提到的"点蜡烛"游戏，也非常适合多子女家庭。妈妈可以专门挑一个平静的时刻，跟孩子们说："宝贝们，我要跟你们讲一下我们家的故事。"然后慢慢地拿些蜡烛出来，"这些蜡烛就代表了我们一家人。"妈妈拿出第一支蜡烛，这一支蜡烛代表妈妈。然后妈妈把这支蜡烛点亮，跟孩子们说这些火焰就代表了她的爱。

"当我遇到爸爸时，我把所有的爱都给了爸爸。"接着妈妈拿出第二支蜡烛代表爸爸，然后也点燃。"爸爸"也被点亮了，"爸爸"的爱也照在"妈妈"身上。

接下来，妈妈拿出第三支蜡烛，对最大的一个孩子说："这支蜡烛代表你，当你出生的时候，我把所有的爱都给了你，但是你看，我给爸爸的爱还在。"

然后点燃第四支蜡烛，这支蜡烛代表小一点的孩子。"当我们家小宝宝出生的时候，我的烛光又照在了她的身上，我把所有的爱也给了她，但是……"

妈妈对最大的那个孩子说："你看，你还拥有我对你全部的爱，爸爸也拥有我对他的爱，你看看我们家多么明亮呀，充满了爱。"

这个游戏告诉孩子，爱就像烛光，可以一同照耀，并且越多越亮。因此，家里多了一个小宝宝，就是多了一个爱你的人，而爸爸妈妈对你的爱就像烛光一样，依然全部照在你的身上。

如果家长每天坚持跟孩子玩这些有助于改善关系的游戏，亲子关系一定不会太差。同时，家长还要避免一些"破坏"关系的行为，比如打骂孩子，或对孩子进行严重的责罚。

一次粗暴的管教，可能会抵消家长很多次为改善关系所做的努力。

如何尽量避免对孩子粗暴管教，这是一个很大的课题，本书不展开阐述，推荐大家阅读简·尼尔森博士所著的"正面管教"系列的书籍，也可以阅读《温和而坚定地养儿育女——二胎妈妈正面管教践行记》。

游戏，
破解教育难题的
金钥匙

第三章

用游戏建立自信与勇气

　　下面介绍一系列新的游戏，用于培养孩子的自信和勇气。每个孩子曾经都可能是胆小鬼，当一个小生命面对未知事物时，恐惧或退缩，都是一种自我保护的本能。家长希望孩子能勇敢无畏，同时又要避免孩子完全丧失恐惧的本能。要知道，很多儿童安全事故，都发生在一些"勇敢"的孩子身上。

　　所以家长既要教孩子适度的勇敢，又要注意方法、力度，否则稍不留神，便可能将孩子推向反面。

　　我有一个朋友，三十多岁，如今已是两个孩子的妈妈了，却特别害怕虫子，要是不小心看见一些蠕动的虫子，她会吓得瑟瑟发抖。这位朋友告诉我，当她还是一个几岁的小女孩时，就很害怕虫子，那时，她的妈妈希望她能跨越这种恐惧，因此，每当发现有虫子时，妈妈就强迫小女孩直接面对，不得逃走，并命令小女孩用脚去踩这些虫子。这些用力过猛的"教育"，让一个小女孩正常的害怕升级成了"恐惧"的心理阴影，一辈子挥之不去。

　　这一章主要教授如何运用游戏，在一种轻松愉悦的氛围中，让孩子敢于慢慢走近他所恐惧的事物，一点一点地变得勇敢。

＊第一组游戏　解决打针、吃药恐惧

打针游戏

很多孩子害怕打针，除了打针本身会带给孩子疼痛感的原因之外，孩子被家长强按着打针，还会有一种被暴力对待的感觉，这种感觉让孩子很悲伤，感觉自己很弱小、很无力。很多孩子成年以后，依然忘不掉小时候打针的阴影，也不愿意去医院面对医生。

为了弱化这种恐惧，家长可以陪孩子玩打针的游戏。家长可以买一套游戏用的打针道具（通常在一整套儿童医生玩具里），也可以用手指头或一根木棍，假装是针管。

要让孩子来扮演医生，爸爸妈妈或者其他人来扮演被打针的孩子或病人。如果家长不在场，也可以教孩子给洋娃娃打针，不过，最好还是由家长亲自体验一下被孩子扎针，还要学得很像一个孩子被打针的样子，装作真的很痛、很害怕，并大声叫喊"我不要打针！我讨厌打针！求你不要给我打针！"

　　这个游戏能让孩子处于关系中强势的一方。让被打针的一方变成给别人打针的一方，这种角色转换很简单，效果却很好，被打针的遭遇曾让孩子感到无力，并让他联想起过去经历的挫折，以及作为一个弱小个体被强迫、受伤害的事情。通过打针游戏，孩子看到大人也有无能为力、绝望丢脸的时刻，而自己终于也强大了。

　　玩这个游戏并不会让孩子立刻接受去医院、愉快地接受打针，但可以让孩子更快地从打针的恐惧中恢复过来，将孩子经历过的恐惧通过游戏来重演，让恐惧的情绪通过哈哈大笑释放出来。

"药水将军"游戏

这个游戏可以在孩子不肯打针吃药的时候玩，游戏的灵感来自华川家庭课堂的一次辅导。有一次，家长课堂的一位学员妈妈打算带着三岁多的儿子去打疫苗，儿子听说要打疫苗，就恐惧得不敢出门。我给家长提了这样一条建议：把孩子抱在膝盖上坐着，一边指着孩子身体的某个部位，一边对孩子说："你知道吗，人的身体里藏着很多细菌和病毒，它们会让你生病难受，我来摸摸看，嗯，你的肚子里有5个细菌怪兽，嗓子里藏着10个细菌怪兽，肚脐眼里还藏着50个呢，我们派一群药水将军去保护你的身体，打败这些细菌怪兽好不好？"

孩子说："好，那怎么才能把这些药水将军送进我的身体里呢？"

"用一根很细很细的小管子就行了，当这根小细管送药水将军和他的战士进入你身体的时候，你会感觉像小蚂蚁咬了自己一口，这是因为药水将军和很多药水战士正在进入你的身体和细菌怪兽打仗呢。没关系，药水将军很快就会打赢，到时候你就没什么感觉了。"

后来，孩子就很愉快地出门，跟妈妈一起去打疫苗了。

对于不肯吃药的孩子，也可以玩类似的游戏。比如"头孢将军和感冒怪兽"的游戏。每当我的女儿生病需要吃药的时候，我便会跟她讲一个头孢将军打败感冒怪兽的故事，讲完就对女儿说："宝贝，请张大嘴，像一条大鲸鱼吞掉一条小鱼一样，一口把头孢将军吞下去，现在，你的身体里有1000个感冒怪兽，我们先送500个头孢将军进去打败这些怪兽。"

晚上，我再问孩子："现在你感觉怎么样呢？你觉得你的嗓子里还有几个感冒怪兽呀？" 女儿笑嘻嘻地回答我："我嗓子还是有点不舒服，我猜还有700个感冒怪兽。"

"对，原来有1000个感冒怪兽，早上被头孢将军消灭了300个，现在还有700个，咳嗽应该好些了吧。那么现在，我们再送500个头孢将军进去，继续消灭剩下的感冒怪兽好不好？"孩子便顺从地张开了嘴巴。

在玩这个游戏的时候要注意，如果药实在难以下咽，比如颗粒太大、味道太怪，家长还是要先做一些技术性的处理，降低服药的难度。

游戏的作用是帮助孩子克服心理恐惧，做到那些稍微努力就可以实现的事，如果事情的难度超过了孩子本身的能力和身体状态，效果就不明显了。

＊第二组游戏　解决孩子的"输不起"

"输不起"是很多孩子存在的问题。事实上，成年人面对失败，多多少少也会有些难受或失落，只不过成年人的自控力较强，可以把情绪埋藏起来不溢于言表。而孩子，由于大脑发育程度所限，并不会隐藏情绪，尤其在遭受挫折的时候。换一个角度而言，孩子输了就哭，证明孩子真的想赢，有好胜心。好胜心的存在并不是件坏事，引导得当，就可以转化为上进心。如果一个人从童年时代开始，就对所有的输赢无动于衷，倒未必是件好事。

所以，面对孩子一些不听话的行为，家长首先要保持接纳的态度，不要恼怒，只有家长保持情绪平和，才可能找到帮孩子恢复平静的办法，比如玩一个游戏。

角色互换游戏

只要是比赛，就会有输有赢，可是如果自己一直赢，对手也一样不肯认输，又该如何呢？

我们可以来玩一个角色互换的游戏，即让家长在与孩子的比赛中，经常扮演输不起的那个人。

比如，陪孩子下棋，孩子每次输了情绪都不好，甚至号啕大哭，那么你就让孩子赢，一旦孩子赢了，你就模仿孩子之前输了的表现，假装耍赖，也假装大哭。这时候孩子一定会觉得很奇怪，他会观察你的反应，也会对你这种表现很反感，很可能还会"教导"你——"输了棋就耍赖，真丢人，你可以再赢回来呀。"

当年五岁多的儿子就这么教导过我。我一边假装擦眼泪一边说："嗯，你说的对，输了就哭没什么意思，我要努力再赢回来。"然后我就真的赢了一次，让儿子成了输家（但一般我不会让孩子输得太惨），这时候我就看着孩子的表现，他虽然有些失落，但情绪已经稳定多了，于是我就抓住机会鼓励孩子："虽然我赢了，但我觉得你更棒，输了也不耍赖，你果然是我的榜样！你有没有觉得自己特别坚强？"

儿子振作起来，点点头，对自己的表现很满意。

如果孩子输了棋依然大哭，这时候，你可以引导孩子回忆一下之前发生过的妈妈输棋的反应。"你输了棋很难受，妈妈理解你，你还记得吗，刚才我也输了，也哭了呢。"孩子回想起之前发生的情景，一定能想起自己当时对"输不起"的人的看法。

我们需要特别注意一点，通过游戏培养孩子的抗挫折能力时，挫折的难度要慢慢提升，不要骤然给孩子一个极大的挫折。孩子毕竟是孩子，其心理承受力、生理承受力，都远远不如成年人，如果忽然让孩子承受一个极大的挫折，超过了孩子的承受能力，孩子可能会被"压垮"，身心受到损伤，花很多时间都未必能恢复。

任何能力的培养，都要遵守"循序渐进"的原则，要考虑到孩子的生理发育阶段。

孩子抗挫折能力的训练，特别类似于举重运动员练习举重。运动员的年龄、自身体重，都是训练举重的重要基准因素，因为举重比赛是按年龄、体重分级的，青少年跟青少年比，体重70公斤级的跟70公斤级的比。所以，同理不要以成年人的标准去衡量一个孩子的抗挫折能力。

训练举重的过程中，杠铃的重量也是一斤一斤往上加的，待运动员把较轻的杠铃举稳了，再练习较重的杠铃。训练孩子的抗挫折能力，也要遵循这一原则，待孩子战胜了一个较小的挫折，能量升级了，再让孩子体验一个较大的挫折。

如果是用输赢比赛的方式来训练孩子的抗挫折能力，可以让孩子先赢很多次，偶尔输一次，观察孩子的反应，待孩子能够承受以后，再慢慢增加孩子输的次数，孩子会在输和赢的反复交替中，慢慢提升抗挫折能力。迟早有一天，孩子会长大成人，就可以完全接受跟成年人之间的公平竞争。

＊第三组游戏　培养孩子的自理能力

两个娃娃打赌

　　我女儿刚上幼儿园时，早上穿衣服经常不配合，我挑的每件衣服她都说不要。后来，我用一个游戏解决了这个问题。这个游戏最早是从科恩博士那里了解到的：有一个上幼儿园的女孩，某一段时间不愿意自己穿衣服，爸爸为此非常困扰，而早上的时间又是如此紧迫，催促和吼骂只会让彼此感觉更糟糕。一天早晨，爸爸在哄小女孩穿衣服时，看见床上有两个布娃娃，于是他一手抓起一个布娃娃，表演起了玩偶剧。爸爸首先让一个布娃娃满怀恶意地说："哈哈，她不会自己穿衣服吧，她不知道怎样穿衣服。"第二个娃娃则对女孩颇有信心，它反驳第一个娃娃说："她会的，她真的会自己穿衣服。"第一个娃娃又说："不可能，她只有五岁啊，我打赌她不会自己穿衣服。"第二个娃娃又说："我相信她能行，我打赌她一定可以自己穿好衣服。"在两个娃娃的"打赌争吵"中，小女孩快速地穿好了衣服。这种游戏连续玩多次以后，女孩就养成了自己穿衣服的习惯，爸爸也不用每天早上来表演这个玩偶剧了。

　　本书提到的许多游戏，是受科恩博士所著的《游戏力》的
启发。科恩博士是一位爸爸，如果爸爸们都能像科恩博士一样
积极地投入育儿，一定会发明更多有新意的游戏。

惊喜游戏

这个游戏很简单，不需要任何道具，也是我跟女儿玩得最多的游戏。比如在洗澡前，我让女儿自己在浴室里脱衣服，需要帮忙时再叫我。女儿说："我不会脱，你帮帮我。"我回答："我相信你一定会自己脱衣服的，我离开这里两分钟，等我回来你会给我一个惊喜，对不对？"

"好的，但是要我叫你进来，你才能进来。"

我满口答应，然后走出去，过了一会儿，我听到女儿喊道："妈妈你可以进来了。"她的声音里有藏不住的得意之情。然后我再走进去，发现女儿已经脱完了衣服，做好了全部的准备工作，我会用特别夸张的语气说："天哪，你做得太棒了，你真的能自己脱衣服，你给了妈妈一个大大的惊喜。"女儿"咯咯"地笑起来，特别得意。

穿衣服也一样。洗完澡的女儿裹着浴巾到卧室，我把干净的衣服放到床上问女儿："咱们再接着玩一个惊喜游戏，怎么样？"女儿就说："好，你快出去，我叫你进来你再进来。"几分钟后，等女儿叫我进去时，她已经穿好了衣服，同样，我要给女儿一个惊喜的表情，让女儿很自豪、很得意。

这个游戏还可以运用于很多小家务活中，比如让孩子帮忙收拾书桌、摆放餐具。不过，当你发现孩子开始失去热情，不想玩这个游戏时，那就不要强迫他。孩子总是在状态好、有精力、有能力的时候，才能愉快地完成一些任务，如果孩子能力不足，那就先花时间教会孩子。比如穿衣服时玩惊喜游戏，前提是你已经教会孩子自己穿衣服了。

＊第四组游戏　缓解社交焦虑

年幼的孩子或多或少都有些社交焦虑，具体表现为不喜欢打招呼，不爱跟别的小朋友玩。这让很多家长担心，害怕孩子长大了也不合群。其实孩子的社交能力，是随着年龄的增长而逐步积累的，两三岁时不爱跟人打招呼，并不代表他长大以后也始终不愿意跟人打招呼。另外，有些孩子不喜欢跟同伴玩耍，而更愿意享受独处的快乐，这也是先天性情的一种。

我们通常用外向和内向来评判孩子社交积极性的高低。外向的孩子，通过跟他人的相处、交流来获得快乐和力量；内向的孩子，更喜欢一个人待着，他们在独处的时候感觉更舒服，他们可以自己给自己力量。所以，内向不是缺点，家长应该接纳孩子的天性。

如果家长希望孩子变得活跃、外向一些，的确是可以想办法引导，但千万不要强制干预。家长要以身作则，用语言和行动做好示范就可以了，剩下的只需要静静等待。如果家长总是想为让孩子变得外向做点什么，我建议可以采用游戏的方式，温和地引导孩子。

"你好""再见"游戏

我们可以把家里的布娃娃排成一队，家长带领孩子，轮流跟布娃娃打招呼。首先，家长拿起一个布娃娃，对着它说"你好"，然后把布娃娃放到另外一个地方，同时说"再见"。接下来再去拿第二个布娃娃，重复刚才的动作和语言。家长先示范一遍玩法，然后让孩子玩。家长也可以在对布娃娃说完"再见"之后，将布娃娃递到孩子手里，孩子接过布娃娃时，必须说"你好"，然后孩子可以把布娃娃放到另外的地方重新排队，同时说"再见"。

模拟上幼儿园游戏

家长和孩子在家里可以和很多毛绒玩具一起玩模拟上幼儿园的游戏。妈妈拿着小老虎，模仿它的声音对孩子说："我是小老虎宝宝，我今年四岁，我想和你一起玩。"如果孩子没反应，妈妈可以接着说："我喜欢用积木堆城堡，你可以跟我一起玩吗？我猜你肯定能堆一个漂亮的城堡。"妈妈一边模仿小老虎说话，一边观察孩子的反应，不断调整自己说话的方式和内容，直到调动了孩子的积极性。很多孩子不是不喜欢社交，而是没有找到自己喜欢的合作方式，家长们可以通过游戏，反复试探，直到发现孩子的兴趣点。

一轮游戏结束之后，可以让孩子扮演一个他喜欢的小动物，比如小兔子，妈妈扮演一个安静地等待别人邀请的小朋友。妈妈就坐在那里，反复自言自语地说："我好无聊啊，谁能和我一起玩？谁能和我一起玩呢？"直到你旁边的那只"小兔子"主动过来跟你打招呼。

　　当然，这样的游戏不是玩一两次就可以立刻见到成效，家长在陪孩子玩游戏的时候，不要抱着太强的功利心，就把这纯粹当成陪孩子玩，无论如何，这样的愉快时光总会促进家长与孩子之间的亲子关系。

游戏，
破解教育难题的
金钥匙

第四章

用游戏提升情绪管理能力

情绪管理是一种能力，这种能力会随着孩子年龄的增长而有所增强。因为人类大脑负责情绪管理的前额叶皮质，是一年一年慢慢发育的，要到二十五岁左右才能发育完全。一个几岁的孩子，前额叶皮质才刚刚开始发育，所以非常容易情绪失控。

我们不能改变孩子大脑的发育进程，但仍然可以用一些温和的办法让孩子情绪失控的程度减轻，或者让孩子尽快从糟糕的情绪中恢复过来。

这一章将介绍有助于提升孩子情绪管理能力的游戏。

＊第一组游戏　缓解起床气

拥抱和悄悄话

早上叫孩子起床时，我们可以提前十分钟左右，轻轻地拥抱一下床上的孩子，然后在孩子耳边轻轻地说："小朋友，你快要醒了吗？你的梦做完没有？还没醒，还在做梦吗？没关系，你还可以睡一小会儿，一小会儿后，妈妈再来叫你。"

有时候我会说："小宝贝，你是不是睡觉的时候变成了一只小熊猫啊？小熊猫最喜欢滚啊滚的，你是不是要滚到意大利去啊？"

有时候我又会轻轻地在孩子耳边说："你是不是梦见吃鸡爪子了，晚上一直在啃妈妈的手。"

"你是不是学小猪'呼哧呼哧'地打呼噜啊，你喷了好多热气在妈妈脸上啊，还有一股酸酸的味道。"

总之，我会一边抚摸孩子的身体，一边凑在她耳边说很多有趣的悄悄话，孩子慢慢地被我逗笑了，虽然仍然闭着眼睛，但我知道她已经愉快地醒来了。

量身高

　　这个游戏是从《一寸虫》的绘本中得到的灵感，绘本讲的是有一只虫子刚好一寸长，所以可以用自己的身体丈量东西，比如丈量一棵草的高度、一只动物尾巴的长度……小虫子一拱一拱地往前爬，一寸一寸地测量距离。凭借这个本事，小虫子躲过了很多危险。

我是怎么用这个游戏来叫孩子起床的呢？早上，我就伏在孩子耳边说："宝贝天亮了，你又睡了一个晚上，是不是长个了呀？来，妈妈给你测量一下。"

然后，我就用手指在孩子身上测量，从脚趾头量起，一直量到孩子的额头，然后量胳膊。这种轻轻的触碰，会慢慢将孩子唤醒，孩子在愉快的游戏中醒来，自然没有了起床气。

器官醒了

这个游戏就是先摸摸孩子的脚指头，如果孩子的脚指头动了，我就说："咦，你的脚指头醒了！"孩子有时候会扭动一下身体，我就说："噢！你的小屁股和大腿也醒了！"

孩子通常会在这时候"呵呵"笑起来，然后我说："哟！你会笑呢，你的嘴巴已经醒了！"

然后，我假装用手掰开孩子的嘴巴，惊讶地叫道："坏了坏了，嘴巴里的牙细菌也醒了，它们要拿你的牙齿当早餐了！咱们赶紧刷牙去！"

这时候孩子一般会顺从地被我扶起来穿衣服，但仍然闭着眼睛，我就会说："嗯？还剩下一双眼睛没有醒，没关系，眼睛小姐，你再睡一会儿，待会儿我让小熊毛巾来叫醒你。"

找脑袋

有时候，我去叫女儿起床，她会把自己整个身体裹在被子里，我就会玩一个"找脑袋"的游戏。我隔着被子摸摸这儿，捏捏那儿，故意找不准脑袋在哪里。有时候我捏着孩子的大腿说："这是你的脑袋吗？咦，这个脑袋怎么这么长啊？"

有时候我会故意摸摸孩子的屁股，说："这里圆圆的，一定是你的脑袋吧，咦，怎么闻起来有点臭啊？"

孩子被我不停地捏来捏去，最后总会笑着醒过来。

"两个妈妈"吵架

这个游戏借鉴了科恩博士的"两个娃娃吵架"的游戏，当我手头既没有布娃娃又没有玩偶的时候，我就一个人扮演两个妈妈，用不同的声音说话，具体怎么玩呢？我跟大家分享一下自己的经历。

有一天，我用前面提到的游戏已经把孩子叫醒了，但孩子还是躺在床上，甚至发脾气："妈妈你走开，别打搅我，我还要睡！"

"再不起来，上幼儿园就要迟到了哟！"我温柔地回答，孩子依然耍赖说："我就是不起床，我不上幼儿园！"

到了这个时候，我会深吸一口气，停顿三秒钟，然后告诉孩子："不好了，坏妈妈要出现了。"

接着我就用另外一个很粗的嗓音说："我是一个坏妈妈，我觉得要对这个孩子凶一点，打她屁股几下她才会起床！"

紧接着，我又用另外一个温柔的声音说："我相信这个小女孩会自己起床的，我不许你打她！"

然后那个"坏妈妈"又说："我不相信她可以自己起床，你看，她还躺着一动不动呢！"

"不对，她只是想多休息一小会儿，她很快就会自己起来的。我相信她，她之前一直表现得很棒！""好妈妈"说道。

当"好妈妈"跟"坏妈妈"开始争吵时，孩子就会安静地观察，有时候会被夸张的对话逗笑，当"两个妈妈"的争吵不断升级时，孩子就自己起来了，因为她不希望"好妈妈"输给"坏妈妈"。

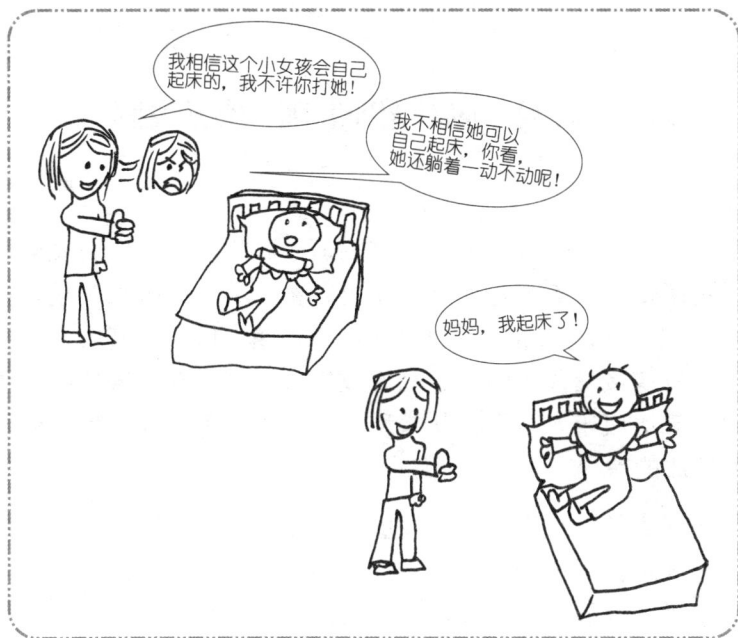

每天早上叫孩子起床是一个特别大的难题，前面介绍了这么多游戏，都有一个重要的前提——让孩子早睡，以此来保证孩子有充足的睡眠。如果孩子长期睡眠不足，唤醒孩子的难度会大很多，即便把孩子叫醒，也不利于孩子的健康。

另外，大家在玩这些游戏时，可以根据当时的情景、孩子的状态，不断创新。由于每个孩子的爱好不一样，喜欢的玩偶也不一样，因此喜欢的故事也不一样，家长可以根据孩子的爱好改进或变换一些游戏，直到收到效果。

比如我叫女儿起床，几乎每天都要换一个新的游戏，总结起来可能有几十个，在此给大家介绍的是最常用的几个，大家可以在此基础上不断改编、加工，只要保持心态平和，就会有无限的创造力。

＊第二组游戏　应对无理取闹、突然发脾气

孩子因为负责管理情绪的大脑前额叶皮质尚未发育完全，所以情绪自控力更差，比成年人更容易冲动。在家长眼里，孩子有时发脾气完全是"无理取闹""小题大做"。其实，家长完全可以像接受孩子的"身高比成年人矮"一样，来接纳孩子的"脾气比成年人差"，从本质上讲，两者都是因生理条件不同而造成的差异。

既然家长能意识到孩子发脾气更像是在"无理取闹"，那么这时候再去跟孩子"讲道理"往往是行不通的，因为孩子的认知水平和理解力本来就比较弱，而失控的大脑更难"听懂"道理。

教育孩子，家长永远要记住一条准则：先安抚情绪，再讲道理。而不是反过来，用讲道理的方式去安抚情绪。

究竟怎么安抚情绪呢？除了语言，还需要更丰富的肢体动作，以及生动夸张的神态。游戏，恰好符合这些条件。

所以，家长最明智的做法是：捕捉到孩子情绪即将"恶化"的瞬间，在情绪失控之前就开始用一些方法转移孩子的注意力，化解孩子的情绪。一旦孩子情绪真正失控，家长难免会受感染，孩子也很难迅速恢复理智，那时候再去想办法就有些迟了。

所以，下面提到的一些游戏，最好在孩子情绪失控之前就开始玩，把握好关键时机。

哈哈大会

"哈哈大会"是一个非常简单的游戏，比如当我们感到气氛有点不愉快、孩子似乎快要发脾气的时候，我们可以假装很好奇地说："现在感觉有点怪怪的，好像哪里不对劲，嗯，看来必须有人哈哈大笑才行！那么，是我先来还是你先来呢？"

或者，有时候我就直接说："大家好像都有点不开心呢，我们来举办哈哈大会吧！"

所谓哈哈大会，就是大家先假装笑，轮流哈哈笑出来，然后，大家就会控制不住真的开心地笑起来。

乖宝宝和怪宝宝

这个游戏描述的就是孩子的不同状态。

平时很温顺乖巧的孩子，有时候也会忽然发起脾气来，瞬间由"天使"变成"恶魔"，完全像换了一个人。所以这个游戏的名字就叫"乖宝宝和怪宝宝"。

遇到孩子情绪失控的情况，我会说："咦，我的女儿怎么变成这个样子了？好可怕呀，是不是有魔法师把我的'乖宝宝'变成'怪宝宝'了？嗯，我那个可爱的'乖宝宝'哪里去了呢？是不是被'怪宝宝'吞到肚子里去了？不行，你快把我的'乖宝宝'吐出来……"

这个时候，我会夸张地去揉孩子的肚子，假装要去掰开孩子的嘴，孩子就会被我逗笑，情绪也好转了。

　　教育孩子需要建立规则，但孩子总是非常善于破坏规则。当孩子明知故犯、无理取闹时，你是妥协，还是以强硬的态度、粗暴的方式去逼迫孩子遵守规则呢？这些都不是最好的选择。我们可以玩游戏，这样既向孩子表达了你的坚定，又能让孩子保持好的心情。我们可以玩一个"好妈妈和坏妈妈"的游戏。这个游戏在"缓解起床气"部分已经介绍过，在这里，我将和大家分享其他的应用场景。

好妈妈和坏妈妈

　　有一天晚上，到了上床睡觉的时间，女儿心血来潮要吃一种零食，这破坏了我们之前定好的规则，而且，家里刚好也没有那种零食。于是我建议女儿吃其他健康的食物，她不接受，我说家里没有零食了，女儿就崩溃地睡在地板上。这时候，我先深呼吸三下，对女儿说："你知道吗，我肚子里有一个很凶很坏的妈妈要出来了，她在跟我吵架。"

　　然后，我用另外一个很粗的声音模仿"坏妈妈"说："你看这个孩子真不听话，她总是破坏规矩，你应该好好教训她一顿。"

　　我再用"好妈妈"温和的语气说："你别这么说，我相信她不是不守规则，只是这会儿心情不好，她很快就会自己站起来的。"

　　"坏妈妈"又说："我才不相信，她肯定会一直耍赖！非得我打她几巴掌她才肯起来！"

　　"好妈妈"又说："我相信她是个懂事的好宝宝，她一定会乖乖地跟妈妈去睡觉的。"

女儿躺在地上，听着"好妈妈"和"坏妈妈"的对话，情绪慢慢稳定了下来，接着她就自己爬了起来，牵着我的手说："妈妈，我起来了，我们去睡觉吧。""好的，我的乖宝贝，你表现这么好，已经把刚才那个'坏妈妈'气跑了。"

除了处理孩子躺在地上耍赖的问题，这个游戏还可以用于很多其他的场景，比如孩子赖床、乱扔东西等。

有一次，女儿把玩具扔得到处都是，我提醒女儿收拾玩具，她就任性地说："我不想收拾，我偏不收拾！"

这时候，我指了一下墙上的挂钟，对女儿说："再过二十分钟，也就是挂钟上的长针指到"6"时，咱们就得吃晚饭了，我们需要在那之前把地上的玩具收拾好。如果长针指到"6"时，地上还是乱糟糟，有一个'坏妈妈'会出现，她会把所有的玩具都收走，扔到垃圾桶，你就再也玩不了这些玩具了。"

女儿看了看挂钟，又犹豫了一会儿。我再次提醒："'坏妈妈'正在赶来的路上，她和这个钟表上的指针走得一样快！"

女儿终于开始收拾玩具了，还一边收拾一边看钟表，说要跟坏妈妈比赛，要在她赶来之前把玩具收拾好。

但是，我并不推荐你频繁使用这个游戏，因为这个游戏带有一点点威胁的意味。如果"坏妈妈"每天频繁地出现，孩子会认为自己的妈妈本来就是一个"坏妈妈"，孩子对妈妈的亲近和依恋程度也会随之下降，亲子关系也会受到伤害。只有当你尝试过很多其他方法却依然无效时，你才可以把这个游戏当成最后的撒手锏。

照镜子

很多孩子喜欢无理取闹，但他们自己却意识不到什么叫"无理取闹"。

我儿子在两岁的时候，经常会为一点小事而号啕大哭，哭得五官扭曲、涕泪俱下，有时候我会带他去照镜子，告诉他镜子里有个发脾气的宝宝好吓人，孩子有时候会被镜子中自己的形象吸引住，从而使情绪稳定一小会儿。但有时候，孩子会拒绝照镜子，他对着镜子也是闭着眼睛挣扎尖叫。这时候，我们可以给孩子创造另外一个镜像角色，就是我们自己模仿孩子的表情、动作，也像孩子一样哭泣、尖叫、抓狂，孩子就会好奇地看着我们，觉得大人的样子很可笑，简直不可理喻，慢慢地孩子的情绪就稳定了。

还有一个方法，就是购买一张表情图贴在家里，当孩子，尤其是低幼宝宝闹情绪了，就带着孩子去看这张表情图，也会有意想不到的效果。

比如下面的正面管教情感脸谱图，里面包含了平静、兴奋、难过、吃惊、自豪等35种常见的人类情感，图文对照，非常形象。当孩子还在牙牙学语时，家长就可以带着孩子，对着这张图片认识学习这些情感词汇。家长还可以经常引导孩子正确使用这些词汇——"你现在是不是有点难过，还是害怕？"

表达情绪，本身就是情绪管理中最重要的一环。有科学研究证实，当一个人能用一个词语准确表达自己的情绪时，事实上，这个人的情绪已经平静了一些。

当一个小孩举着手里的东西想要砸到地上，如果妈妈在身边及时引导："你现在感到非常生气，对不对？"这时孩子的情感被他人准确地表达了出来（这就是通常所说的"共情"），孩子就会感觉好受一些，冲动的情绪也可能得到缓解。

正面管教情感脸谱图

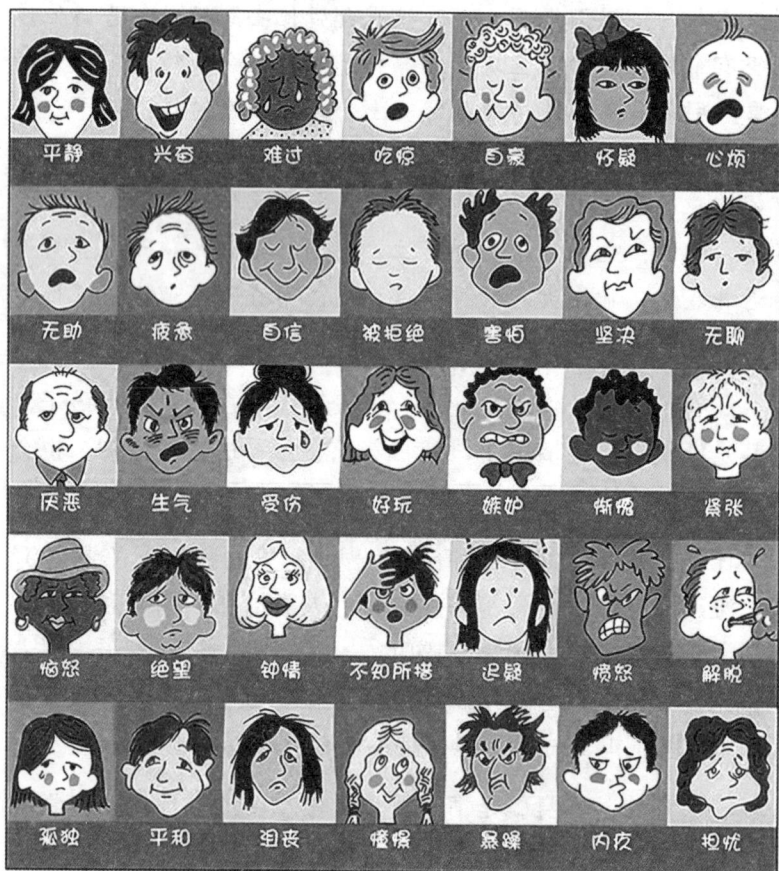

注：图片引自美国正面管教协会官网（www.positivediscipline.org）。

＊第三组游戏　缓解恐惧感和紧张感

下面再介绍一些小游戏来缓解孩子恐惧或紧张的情绪。

紧张"测量器"游戏

紧张其实是人类生存的一种本能，我们虽然不排斥紧张，但是需要处理过度的紧张。在孩子平静的时候，你可以告诉孩子，紧张、害怕可以分为10种，最害怕、最紧张就是10分，一点儿也不紧张、害怕就是0分，有点紧张、害怕就是2分或3分。然后，你可以跟孩子一起表演每一种等级对应的紧张程度，你可以先表演10分的紧张、害怕，做出面部变形、浑身发抖的样子，告诉孩子，这就是10分的紧张、害怕。

然后，再稍微放松一点，但还是很害怕，告诉孩子，这是8分或9分的紧张、害怕。慢慢地不断放松，慢慢地降低分数。

到最后你舒缓一口气，做出非常轻松、快乐的样子，告诉孩子："现在我的紧张、害怕是0分了。"

以后，每当孩子感到紧张、害怕时，你就可以握着孩子的手问："你现在的紧张、害怕是几分？"

孩子在思考如何回答这个问题的过程中，他的情绪就会切换到理智，稍微冷静一些。如果孩子给你的分数很高，是9分或者10分，那就告诉孩子："我来帮你把紧张赶走一些吧。"

你可以做一些夸张的、仿佛赶走某种东西的动作，你也可以仅仅是拥抱抚摸孩子，然后问问孩子："现在你的紧张、害怕是几分？"

孩子在大人不断的安抚和提问中，紧张和害怕的情绪会一点一点消除。

糖果冥想法

如果你要带孩子去体验某种让孩子觉得有些害怕的事情，你可以带一些糖果。例如，你带一个三四岁的孩子排队抽血做体检，很多孩子在等待过程中就吓得崩溃了，这时候，可以给孩子发一颗糖果，告诉孩子："你把它含在嘴里，慢慢地品尝，要仔细体会它的形状、大小和味道。你可以一边吃糖，一边默默地数数，看数到几时，这颗糖才会吃完。"

这时候，孩子会专注于吃糖，进入一种冥想状态，使紧张的情绪得以放松。

糖果也可以换成孩子喜欢的其他小零食，比如葡萄干、饼干等。

总之，在带孩子体验可能引发恐惧、紧张情绪的事情时，随身带一些糖果之类的零食是很有必要的。

✳ 第四组游戏　应对哭闹和失控

一起哭

　　孩子如果一直哭，一直哭，让你感到很无力，那就把你的"无力感"夸张地表现出来吧。你就学着孩子的样子，也大哭一场。记住，不要让孩子觉得你在模仿他、取笑他，而是让他觉得你真的也伤心了。

　　孩子看见你大哭，也许会好奇地观察一会儿，自己哭的劲头就会松弛下来。如果他问你为什么要哭，你就说："我这会儿心里很难过，因为我看见我的宝贝在哭。"这时候，你可以趁机提出"我需要你的拥抱"的请求。

我需要一个你的拥抱

这是正面管教里经常用到的一个方法。因为孩子负责管理情绪的大脑前额叶皮质尚未发育完全，因此他们非常容易情绪化，有时候会哭到失控，很久都不能自拔。即便你努力去安慰、讲道理，孩子也完全听不进去。

这时候，你就静静地看着孩子的眼睛，确保他也看见了你，然后伸出你的双臂，很委屈无助地说："宝贝，我需要一个你的拥抱。"记住，是"我需要一个你的拥抱"，而不是"请你抱抱我"或"我想抱抱你"。只有第一种说法才能让孩子感到自己被需要，而不是被操控。

如果你跟孩子说"我想抱抱你"，孩子很可能说"我不要你抱！"

当家长说"我需要一个你的拥抱"时，是把自己置于一个求助者的位置上，让孩子自己去做决定和行使权利，孩子会从这种请求中获得一种力量感。如果孩子没听清，或者没反应，家长可以反复说："我需要一个拥抱，我好需要一个你的拥抱。"

孩子有时候会有点难以置信，当他犹犹豫豫地做出拥抱的姿势时，家长要迅速地把孩子紧紧地拥在怀里。或许孩子仍旧在家长怀里哭泣，但拥抱已经让孩子找到了归属感，他已经感觉好多了。

✱第五组游戏 缓解后悔和失落情绪

重新演完

这个游戏主要用来缓解孩子后悔、失落的情绪。

孩子经常容易有后悔的情绪，严重的时候会后悔好几天而不能自拔。遇到这种情况，家长可以带着孩子，把令他们后悔的场景重新表演出来，在表演中，让孩子把自己想做而没有完成的事情做完。

例如，一个七岁的男孩，在学校跟另外一个孩子发生了争执，被老师误解而受了批评。孩子感觉非常委屈和后悔，总是跟妈妈说："要是当时我能跟老师解释清楚就好了，只怪我当时太紧张了。"

这时候，家长可以跟孩子玩一个游戏，重演一下当时的场景：妈妈扮演与孩子发生争执的同学，爸爸扮演老师，然后，让孩子按照自己认为正确的步骤，把当时的情景重新演一遍，尤其是把需要跟老师解释的语句，对着扮演老师的爸爸清楚明白地表达出来。

玩这个游戏有两个作用——让孩子释放情绪和让孩子得到一次练习。下次再遇到类似场景时，孩子就知道该如何勇敢地、正确地应对了。

圆满的故事

前一个游戏我们讲到了场景回放。但有的时候某些场景并不方便重现，那么就可以借用一个相关的故事来平复孩子的情绪。

比如，有一天，我的女儿带着她用心做的剪纸小兔子从幼儿园回来，结果在院子里玩耍时弄丢了剪纸。女儿非常伤心，非要找到那张小兔子纸片儿，否则不肯回家。这时候我就对女儿说："我知道这只小兔子去哪里了，它可能是迷路了，你想听一只迷路的小兔子的故事吗？来，回家我慢慢讲给你听。"

故事是我现编的，大意是一只用纸剪的小兔子，觉得待在主人的书包里没意思，想要自己出去探险，结果在花园里迷路了，然后，就有了很多冒险的经历。最后，小兔子来到了一个兔子王国，里面全部都是和它一样用纸片剪成的小兔子，它们就快快乐乐地生活在一起了。

听完这个结局圆满的故事，孩子的情绪慢慢平复下来。

两三岁的孩子，进入了情绪敏感期，有时候会特别执着于某件事情，情绪无法解脱。比如家长不小心碰倒了孩子的积木，孩子就会哭着要家长重新堆好，还必须要跟原来的一模一样，不然孩子就在一种懊恼的情绪里出不来。如果有可能的话，家长最好花时间帮孩子重新堆起来，重新帮孩子建立他的秩序，这比其他安慰方法更有效。

有时候，假如实在难以复原，那么家长可以跟孩子讲一个故事，让孩子的愿望在故事里得到满足。比如，"我来给你讲一个倒塌的大楼的故事吧！那是一座真正的高楼，比你的这个积木城堡要高得多，忽然有一天它倒塌了，人们都吓坏了，树木啊，小草啊，都被大楼压坏了……"这时候，家长要用夸张的语气和动作，来吸引孩子的注意力。当孩子的注意力从积木中转移，家长就可以抱着孩子，或者陪着孩子，把故事接着往下编，故事越长，孩子就越能忘掉积木的事情。当然，故事的结尾是后来人们一起努力，重新建了一座更高、更漂亮的大楼，比原来倒掉的那座还棒呢！大家都非常开心。

虽然我们的目的是用游戏来提升孩子的情绪管理能力，但家长的情绪管理能力何尝不需要提升呢？尤其在面对一个情绪失控的孩子时，很多家长也会跟着情绪失控。

孩子情绪失控总有原因，比如玩具丢了，感到委屈了、害怕了，但家长仅仅因为孩子情绪失控就跟着失控，这就显得没道理了。

从现在开始，请家长们以"游戏"的态度来看待爱发脾气的孩子，就好比自己在做一个科学实验，发脾气的孩子就像是小熊宝宝、芭比娃娃一样的实验角色。家长的实验手段就是各种各样的游戏，可以一个一个地测试，看看究竟哪个游戏对于缓解孩子的情绪更有效。

游戏，
破解教育难题的
金钥匙

第五章

用游戏建立好习惯，提升自控力

说起习惯培养，家长首先想到的是建立"规矩"。但规矩从来不是万能的，习惯也不会在规矩建立的那一刻，瞬间养成。有很多家长，为了习惯，为了规矩，跟孩子斗得"头破血流"，严重地损害了亲子关系。

其实，习惯和能力一样，是与孩子的年龄相适应的，也是需要长期练习的，练习过程越轻松愉悦，家长和孩子越能长期坚持，好的习惯也越容易养成。

而游戏，正是一种比较轻松愉悦的培养习惯和提升能力的途径。因为游戏可以使孩子的身心全面发展，得到锻炼，它比"说教"更生动，比"规矩"更灵活，尤其是对于遵守规矩比较难的学龄前儿童，游戏的作用更明显。

本章内容将重点介绍用于培养孩子习惯和自控力的一系列游戏。

✱第一组游戏 应对哄睡难问题

很多孩子对睡觉很排斥，是因为他们把睡觉当成了一件极为无聊的事。孩子们总是有释放不完的精力、填不满的好奇，所以，当我们叫一个年龄很小的孩子去睡觉时，完全可以换一种说法，比如："宝贝，我们赶紧洗漱完，上床来玩一个游戏吧！"

数数游戏

数数的难度，与孩子的年龄相关。如果孩子刚会数几个有限的数字，那么让孩子躺在妈妈身边，帮妈妈数手指头也是不错的主意。

如果孩子再大一些，就可以鼓励孩子从1数到100，甚至更多。如果孩子有了困意，迷迷糊糊地数错了数，也不要去打断、提醒，让孩子继续数下去，直到他安静地睡着。

数数也可以换成数羊、数小狗、数小兔子……总之，面对一个孩子，我们要把游戏变得更有趣。

"聊天"的小枕头和小被子

华川家庭课堂有一位家长在学习了游戏育儿课程后，活学活用，原创了这个游戏。

到了睡觉的时间，两岁多的女儿还是不肯乖乖躺好，这位妈妈就对女儿说："我好像听到小枕头和小被子在聊天呢！"

小被子对小枕头说："我好冷啊，我希望主人紧紧地抱着我睡觉。"

小枕头对小被子说："我也是啊，我希望主人赶紧把脑袋放在我身体上，我想跟她一起睡觉。"

女儿听了妈妈惟妙惟肖的模仿，就立刻乖乖躺在小枕头上，并盖好小被子，然后十分负责任地说："好吧，大家不要吵了，我们一起睡吧。"

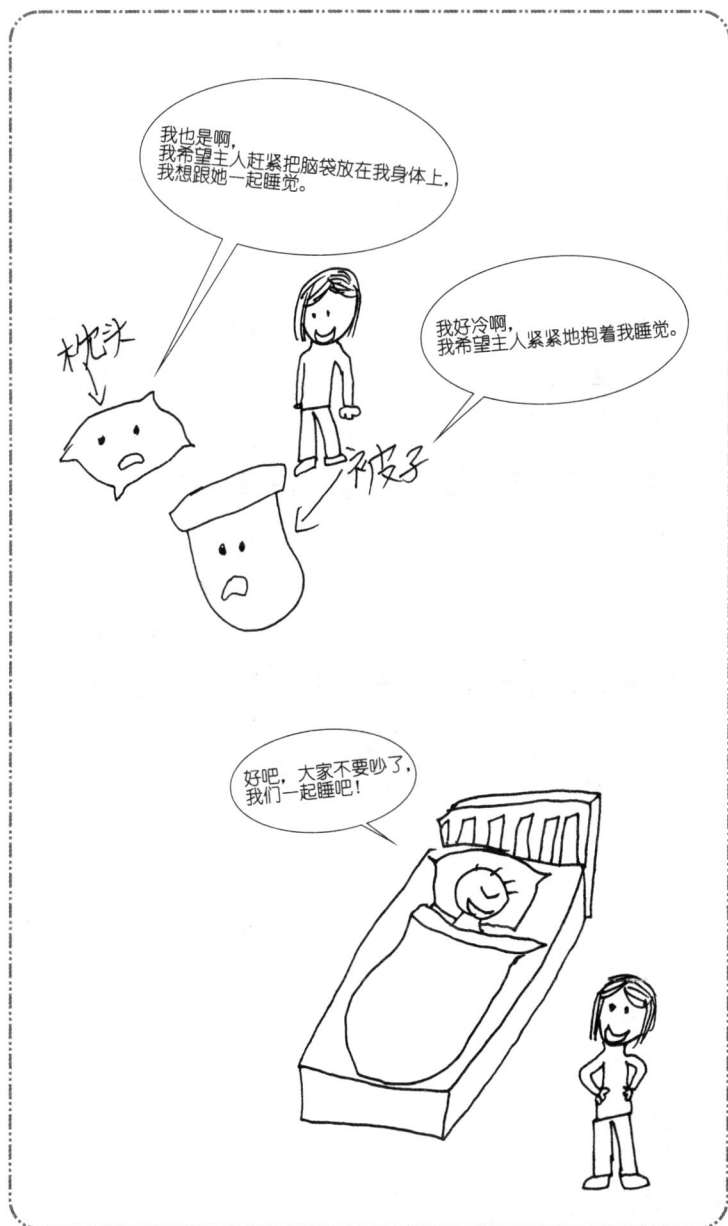

睡觉的木头人

木头人游戏经常被用来调节孩子的自控力，也可以用来哄孩子睡觉，游戏的玩法稍微改一下就行。家长可以带着孩子躺好，然后说：

"我们一起来玩一个睡觉的木头人游戏吧。

"一二三、三二一，我们都是木头人，闭上眼睛都躺好，不许说话不许笑。

"谁先说话或者笑出声，谁就输了。"

刚开始玩时，孩子肯定会犯规，会输，不过没关系，家长可以跟孩子说一会儿话，分享一下自己能"赢"的小经验，并且鼓励孩子再玩下一轮，相信孩子一定能忍住，不说不笑。

一般玩过几次之后，孩子就困了、累了，真的睡着不说话了。

讲睡前故事

每个孩子都喜欢听妈妈讲故事，而躺在被窝里听故事，也是十分温馨的一件事。

妈妈可以在孩子睡前挑选一本温馨的睡前故事绘本，让孩子舒服地躺在自己怀里，轻柔地读给孩子听，帮助孩子顺利入眠。但不建议挑选故事内容比较丰富、情节新奇的书籍，这样会激活孩子的神经，孩子越听越想听，反而不容易入睡。

如果手边没有合适的书籍，通过讲原创故事来哄孩子睡觉也是可行的，故事的催眠效果如何，关键在于故事的内容。

很长一段时间里，我是靠讲原创故事哄孩子睡觉的。如果家长看的绘本故事比较多，也可以将绘本故事作为自己原创的素材。

《小红帽》是一个非常经典的睡前故事，故事从妈妈对女儿的嘱托和告别开始，结局是女儿安全地回到妈妈身边，一起温暖相拥进入甜蜜的梦乡。虽然这个故事有很多版本，可我最喜欢的是这个故事同名儿歌里的结局：

"当太阳下山岗，我要赶回家，同妈妈一起进入甜蜜梦乡。"

所以，很多睡前故事都可以按照这个基本思路创造：主角是妈妈和孩子，过程中经历了坎坷、分离、危险，结局是妈妈抱着孩子一起进入甜蜜的梦乡。

具体怎么编造故事，可以根据孩子的需求和孩子的状态来确定。

　　比如，孩子说："妈妈，我想听一个关于小兔子找妈妈的故事。"

　　那么原创故事的主角就是兔子妈妈和兔子宝宝，经过一系列曲折经历，最后兔子妈妈和兔子宝宝相聚了，拥抱在一起舒舒服服地睡着了。

　　又比如，孩子对白天玩过的吹泡泡很感兴趣，晚上还跟妈妈聊起，那么睡前故事就可以变成一个小孩坐着泡泡去旅行，一路上看到很多不同的风景，晚上又坐着泡泡回来了，还洗了个泡泡澡，然后香香甜甜地跟妈妈一起睡着了。

　　每当讲到故事的结局，妈妈就轻轻拥抱一下孩子，说："我们也像故事里的小宝宝一样，一起美美地睡觉吧。"

　　孩子会沉浸在美好的故事里，也许真的就乖乖睡着了。

＊第二组游戏　关于说话打岔

把话装进衣兜

孩子有时候喜欢打岔，往往是因为家长说话的时间太长，孩子不知道家长什么时候才能够停下来，不知道什么时候才能轮到自己说话。因此，当孩子急着打岔时，家长最好不要跟孩子比赛似的抢着说话，而应该暂停一下。家长先停下说话，然后面向孩子，把两手捧合，就像捧着去接从水龙头中流出的水一样，把手放到孩子的嘴边，说："我把你的话都接住了。"然后，把手合起来，往怀里或者衣兜里一放，说："好了，我把你的话装进衣兜里了，等我忙完了，说完了，就把你的话再掏出来，解决你的问题。10分钟以后我就掏出你的话。"

同时，家长可以让孩子也看看钟表的指针，或者设一个闹钟，让孩子等着闹钟响。

家长的许诺一定要兑现。比如10分钟后，家长一定要出现在孩子身边，把"装进衣兜里"的话掏出来，然后问："你刚才是不是想说……你还有什么要补充的吗？现在我有时间了，专心听你把话说完。"

如果孩子的话总是滔滔不绝，家长就说："哎呀，你的话太多，我的衣兜都装不下了，不如你先去把你的话装到那个大口袋里吧，等我有时间了，你再把口袋里的话倒出来。"

暂停手势

这个手势需要在平时就跟孩子约定好。比如说把食指放在嘴唇上，告诉孩子这个动作就表示要停止说话。不只是家长对孩子约定暂停手势，孩子也可以对家长约定一个暂停手势。有时候家长正在说话，孩子有紧急的事情要汇报，希望家长能停下来，就用某个手势来示意暂停。

很多家庭规则需要家长和孩子共同遵守，平时也要找时间充分练习，只有这样，当遇到孩子打岔的时候，家长做出某个手势，孩子才能看懂这个手势的意思。

具体用什么手势，建议让孩子自己出主意。一般孩子自己想出来的规则和办法，孩子也能执行得更好。

＊第三组游戏　让好动的孩子停下来

　　"好动"是孩子的天性，按照皮亚杰的"儿童认知发展理论"，0—2岁的孩子处在"感知运动阶段"，孩子在这个阶段主要依靠动作去适应环境，提升认知。2—7岁的孩子进入"前运算阶段"，孩子开始学会通过动作感知来建立心理符号，为抽象思维做准备。

　　因此，对于学龄前儿童来说，"动"，是他们提升认知的最佳途径。在适宜的场景下，家长应该鼓励孩子运动。运动既可以锻炼孩子的身体，又可以锻炼孩子的大脑。

　　如果孩子每天有足够的机会去"动"，等到了某些不适宜"动"的场景，就更容易"静"下来。

　　因为"动"是孩子的一种天性，所以"静"是需要孩子刻意练习的一种能力。到了一些需要孩子安静下来的场景，大人可以采用一些游戏策略，让孩子实现从"运动"到"静止"的自然过渡。

　　下面就介绍一些游戏，让好动的孩子停下来。

兔子、乌龟和蜗牛

比如，到了晚上八九点钟，你计划让孩子睡觉了，而孩子，尤其是家里有好几个孩子的，还喜欢在一起疯闹，蹦蹦跳跳停不下来，这时候你就可以跟孩子玩一个"兔子、乌龟和蜗牛"的游戏。

"现在我们是兔子！"你对孩子们说完，就带着孩子们蹦蹦跳跳一分钟。"现在我们变成乌龟了。"然后又带领孩子们学着乌龟的样子慢慢地走路。

一分钟后，你说："现在我们是蜗牛了，蜗牛是怎样走路的呢？"然后，你就用特别慢的速度走路，孩子们也会模仿着你，慢慢地走路。

你要首先带领着孩子们一起玩这个游戏，先玩一个兔子、乌龟和蜗牛的轮回。然后你可以站着发出指令，让孩子们再玩一个轮回，玩三遍以上才能起到效果。一般三四遍以后，孩子们的能量就释放得差不多了。孩子们也累了，就真的像蜗牛一样慢慢地静下来了。

有一位家长跟我反映，说他5岁的儿子特别好动，似乎一刻也停不下来，这位家长甚至怀疑孩子得了多动症。的确，对于孩子而言，安静是一种特别稀缺的能力，除非他睡着了。

这跟孩子的身体发育状况有关。但也可以通过一些刻意练习，慢慢锻炼孩子的自控力。接下来介绍一个锻炼孩子"静止"能力的"红灯停、绿灯行"游戏。

红灯停、绿灯行

家长可以先跟孩子说："我们来玩一个红灯停、绿灯行的游戏好不好？假装我们现在开着车在路上行驶。"

家长可以准备一面小红旗和一面小绿旗，如果没有旗帜，用红色和绿色的玩具、纸片代替也可以。

提前告诉孩子游戏规则：当举起绿旗，表示现在是绿灯，可以走路或跑动；当举起红旗时，就表示红灯，大家必须停下来一动也不动，直到红旗放下来，绿旗再举起的时候，才可以走动。

刚开始，家长就举着绿旗说"现在是绿灯"，让孩子走路或者跑动。过一两分钟，家长又举起红旗，让孩子停下来。如果孩子违反规则，就让他来扮演交通信号灯，负责举旗。注意，交通信号灯是不会动的，那么举旗的人也不许走动。待孩子清楚规则之后，家长就可以跟孩子反反复复地玩这个游戏，在游戏中，让红灯的时间逐步延长。

孩子可以在反复的游戏训练中，慢慢学会控制自己的节奏。训练足够多之后，在某个真实的场景下，当需要让过度活

跃的孩子安静下来时，你就可以发出一个"红灯停"的指令。
注意，一定要做足够多的训练，让孩子的大脑形成条件反射，
这样孩子不管处在什么场景，只要听到指令就能迅速停下来。

＊第四组游戏　让孩子愉快地如厕或使用马桶

对很多小朋友来说，自主使用马桶是很难的一道坎，下面再为大家介绍一些相关的游戏来解决这个问题。

"饥饿"的马桶先生

我在引导两个孩子使用马桶的过程中，采用了完全不同的方式。为了引导大宝儿子愉快地使用马桶，我买了好几种造型有趣的儿童马桶，但大宝依然不愿意使用。后来，我就每天找一些机会，自己蹲在马桶上，用一些夸张的表情假装拉"臭臭"。我试了很多次，儿子才被我的动作吸引，慢慢消除了对马桶的抗拒心理，开始模仿着，小心翼翼地坐上了马桶。然后我蹲在儿子身边做出使劲的表情，孩子也学着使劲，终于，孩子在模仿中真正地实现了第一次在马桶里拉"臭臭"，那一刻我感觉无比惊喜。

在教女儿使用马桶时，方法就简单多了。我没有亲自蹲在马桶上做太多示范，而是告诉女儿："宝贝，马桶先生饿了，快去给他送食物吧！"

有时候在早上哄女儿起床时，我也经常这样说："现在马桶先生已经渴了，想喝你身体制作出来的饮料，我们来看看你今天是给它喝白开水还是黄黄的橙汁？"

这些比喻虽然听起来有点小恶心，可对于几岁的孩子，却最容易被这些"恶心"的语逗乐。而每天早晨睡眼蒙眬的女儿，都会被我牵引着去蹲马桶，心情愉快，从不抗拒。拉完之后，还会特意看一看自己给马桶先生喂的是橙汁还是白开水。有时候我就说："今天的橙汁太浓了，马桶先生可能会不喜欢，咱们多喝点水吧。"

魔法马桶

　　这也是一位华川家庭课堂上的家长在听完游戏育儿课之后，活学活用，原创的一个游戏。这个游戏非常有意思，因此特意推荐给大家。

　　当妈妈想让孩子上厕所时，孩子常常不想尿尿，妈妈就说："那好吧，你陪我一起上厕所吧。"等孩子和妈妈一起来到厕所，陪着妈妈上完厕所以后，妈妈就说："哇，这个马桶好有魔力哦，我原本不想尿尿和拉'臭臭'的，这个马桶把我的尿尿变出来了，你要不要试一试？看看马桶会不会对你施魔法？"

　　当孩子蹲下来后很快就尿出来了，孩子就会开心地说："妈妈你说对了，这个马桶真有魔法呀，我原来不想尿尿的，它把我的尿尿变出来了，太厉害了这个魔法马桶！"

洋娃娃上厕所

在我的家庭课堂上，有一位妈妈反映：两岁多的孩子总是玩得忘记上厕所，经常尿裤子。

我给这位妈妈推荐了"洋娃娃上厕所"的游戏，效果非常好。

刚开始，由妈妈拿着一个洋娃娃，对洋娃娃说："小宝宝，是不是该上厕所了呀？"接下来妈妈又模仿洋娃娃说："我不想上厕所，我不想上！"

然后妈妈又问第二遍、第三遍……最后，洋娃娃忽然说："哎呀，我要尿裤子了！"

于是妈妈就拿着洋娃娃往厕所里飞奔，路上还学着洋娃娃说："坏了坏了，又尿裤子了。"

这时候，观看妈妈表演的孩子会乐得呵呵大笑，主动要求来扮演这个尿裤子的娃娃。游戏玩多了，孩子会形成条件反射。当妈妈提醒孩子尿尿时，就可以说："你还记得那个尿裤子的娃娃吗？咱们赶紧上厕所，不然也会尿裤子了。"

孩子这时候就会放下手里的玩具，欢快地往厕所跑，就像玩游戏一样。

＊第五组游戏　引导孩子说出真相

讲故事

年龄小的孩子，表达能力有限，经常出现说不清楚事实的情况。尤其是当家长怀疑孩子经历了一些不太好的事情时，家长直接问孩子来龙去脉，孩子却词不达意，或者因为害怕，故意不说出事情的真相。

这时候，家长可以放弃直截了当的盘问，而采用讲故事的方式，引导孩子说出内心真实的感受。对于不肯参与玩肢体游戏的孩子，讲故事是另外一种简单有效的方式。家长可以把各种游戏、暗示隐藏在故事里。

一位4岁孩子的妈妈，接到幼儿园老师的反馈，说孩子在幼儿园打了别的小朋友。等孩子回到家，妈妈就质问孩子："为什么要打人呢？到底发生了什么事？"

孩子一听妈妈提到此事，就心情不好，暴躁地说："我没打！"然后就沟通不下去了。

还有些聪明的孩子，会有意或无意地扭曲一下事实。这也会对家长造成误导。

家长可以带孩子在家里玩模拟上幼儿园的游戏，这种游戏是比较容易发现实情的，但有时候孩子不肯参与，这时候家长就可以跟孩子讲一个故事，比如我自创的故事——小手宝宝。

故事大意如下：小明有两个最好的朋友，一个是左手，一个是右手，小明叫它们小手宝宝。小手宝宝一直陪伴着小明，小明饿了，小手宝宝就拿吃的喂到小明嘴里；小明摔倒了，小手宝宝就支撑着地面让小明站起来。但有时候，小手宝宝也会有些淘气，连小明都管不住，比如，小手宝宝会打人，有时会打到别的小朋友身上。大家都说这是一只坏小手，小手宝宝很难受，它说自己不是故意的……

"你猜小手宝宝接下来会说什么？你觉得小手宝宝会被原谅吗？你觉得小明应该怎样管理好他的小手宝宝呢？"故事讲到结尾，家长可以采用提问的方式，启发孩子去思考，去回答。

当孩子进入故事情节中时，他的内心是完全放松的，当孩子能以一个旁观者的角度来评价故事里的角色时，孩子的思路就更容易被打开。孩子有时候会说："嗯，应该把这个小手宝宝放进衣兜里。"

这时候家长也可以帮孩子提出更多的点子，比如："如果是有别的小朋友打扰了小明，小明应该怎么做呢？对了，小明可以先去找老师，或者离开一会儿，总之，不要让小手宝宝出去打人。"

如果家长讲完一个故事，发现孩子的思维并没有被带进来，那可能是因为家长设计的故事与孩子真实的经历相差太远，无法让孩子达到感同身受的效果。没关系，家长可以重新再编一个故事。

＊第六组游戏　纠正说脏话的习惯

很多孩子在某一个年龄段，会非常喜欢说脏话或者带点儿"恶心"的词汇。大多数教育专家都建议，当孩子说脏话时，家长装着没有听见，不理会孩子就好了。然而有时候，置之不理也不一定完全管用，孩子有时候甚至会变本加厉地说脏话以引起家长的注意。

"咒语"游戏

有一次，我的儿子（三四岁时）故意在我面前说脏话，我淡定了几分钟不给孩子回应，孩子似乎并不甘心，仍然说个不停，这时候我对他说："你说这些我都不感兴趣，但是如果你念'嘛哩嘛哩哄'的咒语，我会吓得一动不动的。"

于是，孩子立刻改口说"嘛哩嘛哩哄"，我再做出很夸张的受到惊吓的表情。"你再说麻烦就大了，我必须阻止你！"然后我就追着孩子满屋子跑了一阵子，孩子咯咯地笑个不停，过了一会儿，他的能量释放完了，也就安静下来去玩别的了。

有时候我在忙时，孩子也会过来，试探性地说几次"咒语"，我当时忙得没有力气跟孩子互动，就在原地做出目瞪口呆的表情，一动不动，好像是被魔法镇住了一样，孩子也会觉得满足。

很多时候，孩子在家长面前说脏话，是为了吸引关注。那么家长就找一种方式关注孩子一会儿，陪孩子玩一会儿，孩子自然就不会单调地重复那些他自己都不知道含义的词汇了。

孩子如果跟伙伴说脏话，家长就教孩子一些其他的"咒语"代替，这些"咒语"可以是在绘本或动画片里经常出现的。比如，我给女儿读的英语绘本"温妮女巫系列"就有一句咒语"Abracadabra"（音同阿布拉卡黛布拉），每次读孩子都非常愿意跟着念。孩子听过这些故事，也更相信"咒语"比脏话更有神奇的魔力，也就更愿意去使用"咒语"，而不是脏话。

当然，最根本的解决"孩子说脏话"的办法，是净化孩子的语言环境，让孩子听不到脏话，孩子就失去了模仿的源头。至少在家庭环境里，大人要杜绝脏话和不文明词汇。家庭以外的环境虽然不可控，但对于低龄孩子，家庭的影响始终是第一位的。如果实在避免不了外部的"坏"的影响，家长只能尽可能放大自身对孩子的"好"的影响。对于处于语言敏感期（3—6岁）的孩子，家长多教孩子背诵健康有趣的儿歌、朗朗上口的诗词，以及丰富多彩的绘本阅读，都可以冲淡一些不雅词汇对孩子的影响。

＊第七组游戏　培养自控力和专注力

孩子的自控力和专注力不够是很多家长担心的问题，这与孩子的身体发育有关，即跟孩子的年龄相关。如果家长没有耐心"静待花开"，那么也可以通过一些游戏来培养孩子的自控力和专注力。

机器人游戏

当孩子任性、闹脾气时，家长可以跟孩子说："宝贝，我们来玩机器人游戏吧！"假装孩子是机器人，家长拿着遥控器，命令"机器人"做跳跃、跑步、摇摆等任何一种动作，重复性地做，然后家长指定频率，并且迅速转换，快一点儿、慢一点儿、慢一点儿、快一点儿、超级快！

再比如，家长可以让孩子跳跃，自己在旁边指挥，"用左脚跳，右脚跳，现在换左脚，现在两只脚一起跳！"很多孩子喜欢玩这个游戏，家长也可以跟孩子一起玩。

通过这类游戏，孩子慢慢学会控制自己的四肢，精准地控制自己的动作。但它的效果并不是立竿见影的。家长有时间就多陪孩子玩，不要太急切地想达得某种效果，就当锻炼身体也好。

分类游戏

为了训练孩子的专注力，家长可以把游戏升级一下。比如，家长可以给孩子一堆积木，然后告诉孩子："我们现在按形状进行分类，把长方形的放一堆，再把正方形的单独放一堆。"或者家长可以说："我们按颜色分类，把红色的摆左边，把绿色的摆右边。"

或者，家长还可以进一步提升游戏的难度，指示孩子："请给我挑出5个红色的正方形，请再给我挑出3个蓝色的圆柱形。"这些很清晰的游戏口令，可以让孩子专注地去"工作"一段时间。

模拟上课

一个5岁的小男孩在幼儿园上课时，总是无法保持安静，经常打断老师和同学，于是妈妈让小男孩和哥哥在家里一起玩上课的游戏。妈妈设好闹钟，规定闹钟铃声就是下课铃，然后说："好了，我们现在上课了，我们不说话不乱动，当下课铃声响起的时候，大家一起站起来走出教室。"

刚开始闹钟时间设短一点，如果孩子能遵守规则，家长给予嘉许，然后"上课"时间慢慢延长，直到接近真正的上课时间。经过一段时间的训练之后，孩子会形成习惯，在真正的教室里也会表现得更好。

计时游戏

前面的游戏玩得够多了，家长就可以慢慢升级到让孩子专注地去完成一项指定任务，比如写作业，或者画画。这时候，家长可以设置闹钟或计时器，最开始设置的时间不要太长，对于幼儿园的孩子，最开始设置5分钟就够了。家长可以告诉孩子："在闹钟响之前，你要认真地坐在书桌旁，写字或者画画，闹钟一响，你必须站起来，跑到沙发上躺下。"这其实是前面提到过的"红灯停、绿灯行"游戏的升级版。这类游戏玩得多了，就可以让孩子学会掌控自己的身体，需要做什么的时候就去做什么。

在玩这类游戏时，家长要注意设定的时间，不要超过孩子的年龄乘以3，最好以年龄乘以2为平均标准。比如，5岁的孩子，给他设10分钟的倒计时就够了，如果孩子的专注力已经很不错了，可以逐渐提升到15分钟。

如果孩子原本的专注力很弱，就更需要循序渐进，先从三五分钟开始，再增加到七八分钟，慢慢地延长，慢慢地提升。

刚开始玩这个游戏时，可以规定闹钟一响，孩子就必须换个地方休息。到后面，孩子的专注力已经很好了（专注时间超过年龄乘以2），家长就不采用倒计时，而使用正计时。比如说，孩子一个人安静地做一件事超过了15分钟，家长就给予鼓励："你今天真厉害，能独自专注15分钟了。" 过几天，孩子可能又专注18分钟了，家长就拿着计时器给孩子看，"你看，你今天又进步了。"在游戏中，家长也要不断地鼓励孩子。

单脚站立

让孩子练习单脚站立，可以训练孩子的自控力和平衡力。自控力首先是控制自己身体的能力，家长可以跟孩子一起练习单脚站立，使用计时器记录自己最长的站立时间。如果家里有几个孩子，就几个孩子一起做，大家一起比赛看谁站得更久。

＊第八组游戏　维持外出活动的秩序

接下来我们介绍一些用于解决孩子外出时吵闹问题的游戏。比如，当家里有几个孩子，或者亲朋好友们带着很多孩子一起出去吃饭，那真是一项不小的挑战，尤其难熬的是等待上菜的时间。如果这个时间太长，孩子们就会坐不住，到处乱跑，好不容易劝他们坐下来了，他们又可能会敲打餐具，叮叮当当，或者叽叽喳喳地大说大笑。

尽管这种说说笑笑不是太大的错误，但在公共场合还是会引来一些侧目。有没有什么办法让孩子们就安安静静地坐在椅子上呢？有的，家长可以陪着他们一起玩一个"手指游戏"。

手指游戏

家长可以坐在孩子对面，对孩子们说："请大家坐好，我要来给你们玩一个有趣的游戏。"家长自己首先要正襟危坐，显得很有仪式感。

等孩子们都坐好了，家长就说："下面，请大家把两只胳膊支撑在桌子上，伸出两只手掌，要跟我做一模一样的动作。"你最早伸出2根手指，接下来变成3根手指，忽然又变成4根，孩子们会很兴奋地模仿你的动作，如果他们的动作跟你一致，你就夸奖，"真棒！你们都做对了！"接下来你也不用说话，只要不停地变化手指组合就行了，孩子们也会专注地模仿你的动作，自然就安静下来了。

＊第九组游戏　面对孩子一些常见的坏习惯

"买买虫"游戏

我女儿跟很多孩子一样，特别喜欢买零食、玩具，即便我跟她约定好了规则，一周只能买一次，但是幼儿园旁边就是商店，女儿有时候也会忍不住要买。

有一次我对女儿说："家里已经给你准备好了美味的零食点心。"孩子还是忍不住想买买买，这时候，我就慢慢蹲下来，很狐疑地说："你看见东西就想买，家里有的东西你也想买，是不是你肚子里有一条'买买虫'啊？"

女儿一听，好奇地睁大了眼睛，然后我接着说："一定是的，我的宝贝一直都很遵守规则的，从来不乱买东西，今天忽然忍不住要买买买，肯定是'买买虫'捣的鬼！"

然后，我就摸着孩子的肚子问："'买买虫'在哪里？赶紧出去！不要再待在我女儿的肚子里。"女儿被我逗得呵呵笑起来，然后，就被我成功地转移注意力带回家了。

当我们想批评孩子的某个不当行为时，我们可以把这些不当行为化身为一条虫子，跟孩子本人分离开，这样，我们既可以大力批评这些不当行为，又不会伤到孩子的自尊心。

"买买虫"的游戏，我们玩过很多次，后来我们又发明了"淘气虫""瞌睡虫""赖皮虫"等各种虫子，当孩子耍赖时，我就惊讶地说："宝贝，是不是'赖皮虫'又来捣乱了？我们一起赶走这条'赖皮虫'！"

　　这个游戏最大的好处是，孩子觉得你是永远爱他的，只是不喜欢某条坏虫子，不喜欢某些坏习惯而已。因此，我们可以在轻松愉快、不伤孩子自尊的情况下，帮他们纠正某些不良的行为习惯。

动物宝宝

这个游戏的灵感最初来自女儿所在幼儿园老师的一句话。我女儿身上的汗毛比较长，有一次幼儿园的老师帮她换衣服的时候就说："好长的汗毛，像个猿猴似的。"女儿并不太懂这句话的意思，回来就问我，我就给女儿看了一些猿猴的照片。有一次女儿早上赖床，不想上幼儿园，我就说："哎呀，你不会真的是一只猿猴宝宝吧，因为猿猴宝宝也不上幼儿园。坏了，猿猴妈妈会不会把你带走？"女儿就咯咯地笑醒了。

女儿很喜欢看一本绘本，叫《好饿的毛毛虫》。有时候，女儿明明吃了很多东西，还想吃零食，我就惊讶地说："这还是我的女儿吗？不会是那只好饿的毛毛虫跑到我家里来了吧，毛毛虫妈妈快把这只好饿的毛毛虫带走吧！"女儿笑着说："我不是毛毛虫，我不吃了。"我便在女儿身上捏一捏，摸一摸，然后欣慰地说："嗯，这不是那只好饿的毛毛虫，这是我的乖女儿。"

这样的游戏，跟前面的"买买虫"是一个道理，借用一只小动物来比喻正在犯坏毛病的孩子。究竟该用哪些小动物来比喻呢？我曾经给一个不爱刷牙的宝宝妈妈设计了一个兔子宝宝的游戏，当那个孩子不刷牙时，妈妈就说："咦，你不会是一只小兔子宝宝吧，兔子宝宝从来不刷牙，它整天在草地里玩，饿了就吃青草，你难道也是兔子宝宝每天吃青草吗？"

妈妈说着说着，孩子就笑了，妈妈就又接着说："嗯，我们不做兔子宝宝，我们还得吃蛋糕呀，肉肉啊，还要吃好多好多好吃的，所以我们必须把牙齿刷干净保护好。"然后孩子就乖乖地去刷牙了。

学完本章的育儿游戏方法后，我知道很多家长会说："我哪有那么多时间总和孩子玩游戏啊。"

但家长只要仔细地算一算，平时花在跟孩子唠叨、催促、发脾气，以及那些无用的说教上的时间，就会发现，其实还是有很多时间的。家长把那些时间的一部分用来陪孩子玩游戏，收获将大得多。

有些家长也许会说，自己每天又忙又累，实在没有办法强颜欢笑陪孩子玩游戏，那就建议你再学学时间管理知识，把自己的生活和工作规划好；还有些家长会说，孩子对自己很抵触，很难跟自己配合着一起做游戏，那么就建议你学学正面管教，先跟孩子建立良好的亲子关系（可以参考《温和而坚定地养儿育女——二胎妈妈正面管教践行记》）。

当然，游戏本身也有助于家长与孩子建立更好的亲子关系。

游戏，
破解教育难题的
金钥匙

第六章

游戏，让学习充满乐趣

✱ 游戏，让快乐学习成为可能

前面几章内容，我们将游戏运用到孩子成长中的方方面面，包括提升亲子关系，加强自控力，培养习惯，等等。

接下来，我们将探讨另外一个领域——如何将游戏运用到"学习"中来。

从广义上讲，"学习"渗透孩子成长的方方面面，运动是学习，玩耍是学习，情绪管理、人际关系、习惯培养等，都是孩子成长过程中必须学习的内容。

但当孩子进入学龄阶段，家长的关注点不可避免地聚焦到狭义的学习领域，即学科知识的读、写、记等。

"学海无涯苦作舟"，这是先哲的理念。直到如今，很多人依然奉若真理，认为"快乐学习"是不可能实现的。所以，我们常看到各种媒体晾晒出一些"痛苦"的学习场景，尤其是家长辅导孩子作业，简直是炼狱般的考验。

快乐学习有没有可能？

人类几千年发展进化，就是由痛苦野蛮到文明幸福的一个转变历程。远古时期的人类，弱肉强食，茹毛饮血，必然是苦的。而如今，人类社会已经发生了颠覆性的改变，文明、民主、科技渗透生活的方方面面，幸福生活成了大多数人可以实现的目标。

在教育观念上也是如此，我们有必要，也有条件寻找更文明、更科学、更快乐的教育方式。

虽然这世界上仍然存在苦苦逼迫孩子成才的"虎妈狼爸"事迹，但在良好的氛围下，通过正面引导将孩子培养成才的案例也越来越多。

我曾经采访过一位坚持正面管教、快乐教育，并且在家庭教育方面相当成功的家长（以下简称鹏妈），并总结了三点经验。

第一点，游戏陪伴，让孩子从小爱上学习。

鹏妈表示："我从来没有因为学习方面的问题打骂过孩子，尽管鹏鹏刚上小学时成绩不出色，我也没让他对学习和考试产生过恐惧。"

鹏妈回忆到，鹏鹏上小学一年级时，有一次拿回一张只完成一半的卷子，成绩惨不忍睹，她一瞬间也差点失控，去卫生间调整了10分钟，然后出来很平静地问孩子："为什么没把题目做完？"孩子很天真地回答："我想带回来和妈妈一起做。"

原来，鹏鹏经常在妈妈的陪伴下学习，和妈妈互相比赛做题，鹏鹏感到乐趣无穷，非常喜欢跟妈妈"一起学习"。

鹏妈温柔地拥抱了孩子，然后认真地跟孩子解释了"考试"的意义，并且告诉孩子，学校的作业最好学校完成，回到家里，妈妈还有很多有趣的"作业游戏"可以陪他玩。

"我经常把一份作业打印成两份，跟孩子同时做，做完互相打分，孩子非常享受这种游戏。"

有时候，鹏妈会假装做错一些题，孩子还会充当小老师，认真地给鹏妈讲题。

当然，随着孩子年龄逐渐增大，鹏妈的贴身陪伴时间也在减少，又会换另外一些游戏方式。比如：

"吃完晚饭了，接下来，鹏鹏的作业是100道口算题，妈妈的作业是洗碗和收拾厨房，我们比比谁先完成，谁完成得更好！"

到了小学高年级，鹏妈就很少陪鹏鹏玩各种花样游戏了，但鹏鹏一直把学习当成一件快乐而有趣的事。

"有时遇到挫折和难题，我就鼓励孩子，就像游戏闯关一样，再努努力就可以升级啦！"

补充一点，鹏妈是允许孩子在家里玩电子游戏的，但提前定好了规则——只能作业完成以后再玩，每天不超过15分钟。

第二点，劳逸结合，效率至上。

"让孩子在精神状态最好的时候学习，当孩子感到疲倦了，及时休息调整，不去死撑。"这也是鹏妈的经验总结。

"一般情况下，我让孩子一次学习的时间不超过半小时。半小时左右，当我观察到孩子有些倦怠了，会主动提醒孩子站起来走动走动。"

孩子到了五六年级，学习任务加重，家庭作业也越来越多，因为担心孩子会学得吃力，鹏妈就额外给孩子安排了很多体育活动，来帮助孩子提升体力和精力。

天气好的时候，会让爸爸陪孩子在楼下打一会儿篮球。

时间安排上，放学后先让孩子喝水吃东西，完成一部分作业，当孩子状态不佳时，就下楼活动半小时，回来喝点水，再继续学习。

有时候爸爸不在家，或外面天气不好，鹏妈会在家陪孩子做游戏和运动，最常见的就是在床上翻跟头、做仰卧起坐，甚至绕着沙发跑圈（老鹰抓小鸡）。

周末时间，一般早上或上午学习，下午出门放松。

"鹏鹏班上的同学经常学到晚上十一点，我们一般十点前就能入睡，还能有时间锻炼，很多家长觉得不可思议，我认为应该是孩子的学习效率高吧。"

鹏妈的这些经验也是在反复的实践中摸索出来的，她做过比较：

让孩子硬撑着一连学习两小时，打疲劳战，不如抽出一小时休息运动，剩下一小时用来学习，这样孩子完成作业的数量和质量明显更好。

第三点，比方法重要的是坚持。

说起孩子报的培优班和兴趣班，鹏鹏一学期不超过3个。幼儿园时鹏鹏也尝试过很多兴趣班，但在同一段时间内，兴趣班严格限定在3个以内。如果想报更多的兴趣班，必须等到原来的某个兴趣班学完退出之后再安排。之所以定这个规则，一方面是家长时间有限，不想过得太忙乱。"我要是太忙太累，情绪也容易波动，也会影响家庭氛围。"另一方面，孩子的时间也要"留白"，让他学会自我管理。

鹏鹏较早就学会了自主阅读，所以不上兴趣班的时候，大部分时间可以用来看课外书，他从阅读中获得的各方面的知识，不比兴趣班少。另外，"一定要留给孩子户外运动的时间，这对锻炼身体、预防近视都很重要。"

但有几项兴趣培养，鹏鹏一直在长期坚持，包括从幼儿园开始的英语，从一年级开始的钢琴，从四年级开始的奥数。这些都是经过慎重考虑，跟孩子反复商量，最终确定下来的。为什么孩子能坚持？鹏妈说了三个要点：第一，尊重孩子的意见，孩子真的愿意学；第二，时间投入和金钱投入都在家庭可承受的范围之内，家长和孩子都没有过度付出的压力；第三，学习强度比较适中，孩子能够承受。

很多家长在孩子的学习上，一开始就采取孤注一掷的"鸡血模式"，坚持不了多久就开始抓狂，倒不如循序渐进，细水长流。

鹏鹏报的培优班数量比很多孩子都少，学习强度比很多孩子都低，也正因为负荷适中，孩子才能长期愉快地坚持，累积效果反而更好。

"太痛苦的事都难以坚持。"鹏妈的这个观点跟我非常一致。

以上是鹏妈的案例，当然我们也很容易举出另外一些"痛苦成才"的案例。

痛苦向左，快乐向右，道路两条，你如何选择？

我们至少应该在好的选择上试一试。

游戏，便是引导孩子快乐学习的方法之一。尤其是在孩子刚开始进行"刻意学习"，或者刚开始面对应试教育时，融合着亲情的快乐游戏，能让孩子更顺利地度过最初的适应期。

＊游戏，全面激发孩子的学习能力

"游戏"有助于提升孩子的学习能力。大量的教育学家和科研工作者提供了证据。

按照哈佛大学心理学教授霍华德·加德纳的多元智能理论，每个人拥有八种不同的智能（语言、数理逻辑、肢体运动、音乐、空间、人际、自省、自然观察），对应着大脑不同部位的不同运作机制。每一个人在八种智能中都有相应的优势智能或弱势智能，也揭示了每个孩子都有最适合自己的不同的学习方式。比如，人际智能突出的孩子，适合以团队、小组的形式进行学习；而肢体运动智能突出的孩子，则适合较为活跃的学习方式。

后来又有许多研究人员以此为依据，对每个孩子的"学习类型"进行分类，包括视觉型、听觉型、动觉型三类。

视觉型的孩子有很强的观察能力，对看过的东西过目不忘，喜欢用"眼睛"来接受知识信号。

听觉型孩子听力敏锐，能说会道，更擅长用耳朵来接受知识信号。

动觉型孩子活泼好动，喜欢用肢体动作对新环境、新信息做出反应。

当然这三种类型并非绝对的"0和1"的关系，大多数人都同时具备三种学习能力，只是某一方面更为突出而已。

在终身学习的时代，身为成年人，我们每年也要学习大量的知识，也会面对很多可选择的学习方式，不同的人可能会更青睐于某一类学习方式：

第一类，听觉型的学习者，喜欢听课，或者听音频课程。

第二类，视觉型的学习者，喜欢通过阅读文字、图表来学习。

第三类，更适应"听觉+视觉"组合的学习方式，比如上培训课，或者学习视频课程。

第四类，这一类学习者喜欢"听觉+视觉+动觉"三者组合的学习方式，他们更愿意参加带有互动环节的现场培训课，既能听到声音，又能近距离观察演讲者及其课件，并能参与大量的现场互动游戏。

因为从事家庭教育行业，每年也要学习大量的知识，我体验过前面所列的四类学习方式。第一类对我而言效果最差，我比较常用的是第二类、第三类学习方式。但如果有时间、有条件，我更青睐于第四类学习方式。这种学习方式对我触动最大，印象最深，也正是因为这样一次学习体验，促使我下定决心做一名专业的家庭教育工作者。

如果你想真正学会本书中提到的大量游戏育儿方法，也是同样的道理，单纯地看书，远比不上跟孩子一起真实地演绎一遍。

孩子的学习也是如此，有些孩子学得痛苦却没有成效，就是因为没有用对学习方式。

尤其那些"讲了100遍也听不懂""抄了50遍也记不住"的孩子。

但是，在很多情况下，我们并不能准确判断孩子究竟适合哪一种学习方式，更关键的是，孩子进入学校以后，并不能随心所欲地选择自己喜欢的学习方式。

所以身为家长，我们可以做的就是创造多元组合的学习方式，即第四类学习方式，充分调动孩子的听觉、视觉和动觉功能，这样可以最大限度地发挥孩子的智能潜力，也能全面锻炼孩子各方面的学习能力。

游戏，显然具备了第四类学习方式的所有特点。

家长陪着孩子一起玩游戏的过程，既需要"听说"，又需要"观看"，还需要互动型的肢体动作。除此之外，由父母陪伴的亲子游戏又是一种亲情融合的过程，能让孩子有更强的归属感和安全感，能帮助孩子更好地战胜畏难情绪。

什么决定了孩子的学习成绩？

排除先天智商的差异，总结起来，还有两方面的因素。

第一方面是心理因素。即孩子有没有学习热情，对生活有没有积极的态度，跟父母有没有建立良好的亲子关系，对战胜挑战有没有足够的勇气，等等。

第二方面是学习方法的问题。包括前面提到的用耳朵学习，用眼睛学习，用动作学习，或者各种官能组合起来学习。

将亲子游戏融入孩子的学习中，恰恰能在以上两个方面发挥出最好的效果。愉快的游戏能带给孩子积极的心态、良好的心理素质和亲子关系，丰富的游戏形式又可以让孩子的多种知觉智能一起发挥作用。

将游戏融入学习，值得所有家长和孩子一起尝试。

﹡第一组游戏　快乐学语文

认生字

什么时候教孩子认字呢？其实没有一定的年龄之分。当有一天，孩子抱着书本追在你后面问"这是什么字"时，当有一天，孩子看见任何有文字的标牌都要问"上面写的是什么"时，就意味着孩子到了"识字敏感期"，可以开始教孩子认字了。

如果这个识字敏感期来得比较早，还没到上学的年龄，家长可以带着孩子在家里玩一些识字游戏，既能让孩子快乐地认识一些汉字，早日帮孩子打开阅读之窗，又能避免过于刻板的识字学习让孩子感受到压力，使孩子失去识字的兴趣。

◇ 指读

第一种家庭识字启蒙方式就是亲子阅读，家长只需要在给孩子读书时，用手指着所读的文字。

"指读"一段时间后，家长可以偶尔用"指认"的方式，测试一下孩子的认读能力。

可以是家长指读完上半句，然后让孩子自己读下半句。对于一本阅读过很多遍的绘本，孩子通常会凭着记忆"认"出很多字，这时候家长要给予鼓励："哇，你好厉害，自己可以读书了，咱们再试一下这一句。"

◇ 猜猜猜游戏

当孩子的识字欲望特别强烈，指读都满足不了孩子的求知欲时，可以用识字卡片教孩子识字。

现在有很多类型的识字卡片，我个人比较偏爱带有"象形"提示的汉字卡片，既可以增强孩子的理解，也更加丰富有趣。

我为孩子所选的识字卡片，一卡两面，正面是标准的汉字，背面是该汉字的象形图画。我们在玩这种卡片时，让孩子先从背面的象形图画来猜测是什么字，猜完了再看正面。

每周20张卡片，每天从头到尾猜认一遍，一周六七遍，孩子基本能认读这些汉字。

每天晚饭后大概抽出5分钟时间，我拿出卡片对女儿说：

"快过来，咱们来玩猜猜猜游戏吧。"

女儿欢快地跑过来，我拿出一张卡片的背面展示给孩子：

"猜猜猜！"

如果孩子猜对了，我就说：

"棒棒棒！"

如果孩子猜不出来，我就引导着孩子一起猜出正确的意思。然后看正面的标准汉字，让孩子强化记忆。

通过背面象形图画让孩子学两三天后，然后出示正面的标准汉字让孩子"猜猜猜"。如果孩子猜不出来，再让孩子看背

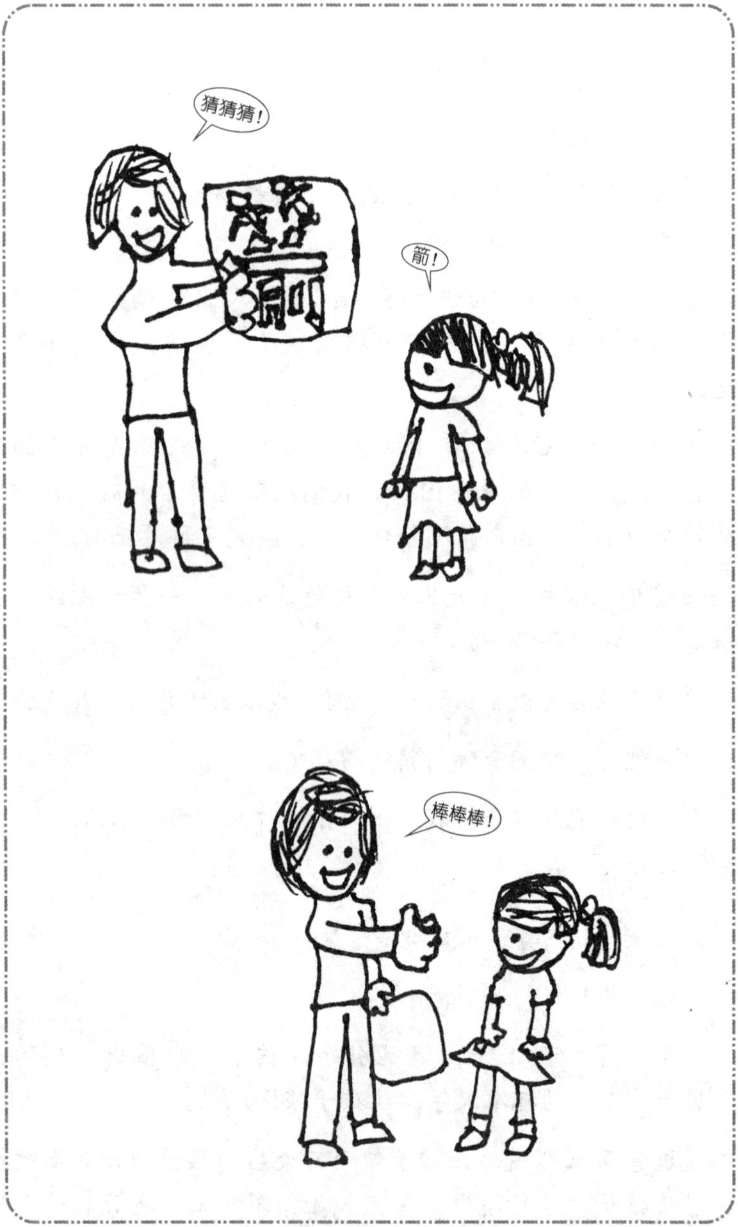
猜猜猜！
箭！
棒棒棒！

面的象形图，提示孩子通过图画进行猜测。如此往复，一周下来，孩子很轻松就学会认读20个汉字。

当然，如果孩子求知欲强烈，家长又有更多时间，也可以把每周识字数再增加一些。原则是不让孩子感到压力，让孩子把识字一直当成游戏一样快乐。

◇ 接龙游戏

锻炼孩子对所学汉字的运用，可以一家人一起玩成语接龙游戏，如果孩子比较小，成语接龙难度较大，玩更简单的词语接龙亦可。

比如，有时候晚饭后，我们会问孩子语文新学了哪些字词，然后以这些字词为"引子"玩接龙游戏。比如：

"腾"—"腾飞"—"飞舞"—"舞蹈"。

如果孩子们都背诵过一些古诗词，也可以玩古诗接龙游戏，一个人说上句，另外一个人说下句，紧接着再接龙第三句、第四句。

比如，妈妈说"两个黄鹂鸣翠柳"，哥哥接"一行白鹭上青天"，爸爸接"窗含西岭千秋雪"，然后轮到妹妹，如果妹妹接不上来，可以请哥哥帮忙。

书写

孩子刚上小学，开始学习书写，由于手腕力度不够，正确的握笔姿势还没养成，汉字书写可能很不规范，甚至歪歪倒倒，这都是很常见的现象。写字是一个全身心综合协调的过程，就跟孩子刚开始蹒跚学步一样，需要一步一步的练习，在此期间，尝试的热情和勇气最宝贵。如果因为孩子刚开始写得不好，家长就大加斥责，或者孩子一边写，家长守在旁边不停地唠叨，都会破坏孩子写字的热情。那么，家长是不是只能放任自流呢？

当家长的教育方式引发孩子的负面抵触情绪时，倒真不如放任自流，让孩子自己慢慢摸索着前行。

只有家长掌握合适的正面引导方式，不至于引起孩子的抵触，才能进行适度干预。

所谓正面引导，即鼓励孩子做得好的地方，给孩子树立正面的标准、正面的榜样。这个"正面标准"，绝对不是空洞的说教。"你要写好，字要端正"，这类正确的废话，效用几乎为零。

对于一个几岁的孩子，最有效的教育方式是树立一种直观的、看得见摸得着的"榜样"或"样例"。

很多家长会拿出书法家的字帖来示范给孩子，这是很简单的"样例"学习。

家长还可以从孩子自己写过的字里挑出写得最好的样例，作为范本，让孩子参考，这样孩子的积极性更高。

◇　最棒字宝宝

这是我曾经跟儿子玩过的一种书写游戏。我把儿子写的每一个字都称作他的"字宝宝"，告诉他："我要看看你造出的字宝宝有多么端正，多么漂亮。"

在孩子写字过程中，我尽量观察不语，等孩子写完，我就跟孩子一起寻找"最棒字宝宝"。

"你来挑出你认为最棒的3个字吧，在旁边画个小钩。"

"我也从这群'字宝宝'中挑出最棒的3个，看咱俩选的是否一样。"

选出"最棒字宝宝"以后，我还会跟儿子仔细对比、分析，为什么选这几个，从而让孩子关注书写的细节。

"我选这个字，首先是因为它特别端正，没有东倒西歪，另外，你看它的左半部分跟右半部分比例很协调。"

有时候我没时间督导孩子写字，就会拿孩子自己的"最棒字宝宝"作为标准。"你能写到像昨天的'最棒字宝宝'那样，就非常好了。"

◇ 互相改作业

有时候，孩子写作业的兴致太低，哪怕用"字宝宝"鼓励也没有兴趣，我常用的办法就是跟孩子坐在一起，自己也来写作业，写完再让孩子给我批改，让他帮我找"最棒字宝宝"。

找着找着，孩子自己就来劲了，"妈妈，你的'字宝宝'都太丑了，你看我写的。"

我连连点头，暗笑不语。

写作文

作文对于很多孩子而言，是一道难以逾越的坎。

◇ 两个小习惯

我家大宝川哥也曾一度恐惧作文。

孩子上一年级时就开始看图写话，有一天他拿着一张打着红叉的看图写话作业纸，哭着鼻子问我："妈妈，我哪里写错了？"

我仔细一看，作业纸上有两幅图画：第一幅图，一个小孩撑着雨伞在走路，后面有另外几个小孩没有伞；第二幅图，有伞的孩子跟没伞的小孩共享着一把雨伞走路。

儿子看图写了两句大实话：

一个孩子打着伞回家。

一群孩子打着伞回家。

老师批了两个大红叉。

我摸着孩子的脑袋说："你没有写错，只是可以写得再具体点吗？比如，为什么有伞的小孩会把雨伞跟大家分享，他这样做有什么意义？"

"这还要写啊？这不明摆着的吗？"

儿子的这句话揭示了很多孩子"无话可写"的原因——不知道写作的意义。

这的确是一个不太好解决的问题。

我忽然想起一件事，于是跟儿子说："妈妈过几天要出差，你要照顾好自己。"

儿子问我："妈妈，出差是去干吗呢？"

"出差就是出差啊。"

"你能说得具体点吗？"

"我以为你都知道呢！好了，我现在告诉你，出差是为了完成外地的一项工作，出差第一天我会……第二天我会……"

交代完出差的内容，我再把话题回到看图写话上："你再看看你的看图写话，你以为你写的别人都看得懂，其实不一定哦，就像我刚才跟你说出差一样，要说得具体点哦。"

儿子若有所思地点点头。后来但凡遇到写作类的家庭作业，在动笔之前他都会来找我聊天，我在聊的过程中不断地追问细节，引导孩子把写作不断地"具体"化。

当然，一篇好的作文仅仅"具体"化是不够的。

有一次爸爸带他去植物园参观，回家后我就请他把当天的经历写出来。"你们今天去植物园看到了些什么？你能不能把它写下来给妈妈看呀？妈妈还没去过植物园呢。"

儿子很快写出了一篇字迹潦草的流水账。

我问儿子："你觉得这篇作文写得怎样？"

儿子："我觉得挺好，我写得很具体，有148个字呢！"

"你觉得别人看了你的文字感觉会怎样？"

"感觉应该很喜欢。"

"那好，以后给你买课外书，我就照着这个风格给你买。"

"哦不，绝对不行！"

通过这件小事，我想教会孩子第二个写作要点——趣味性、生动性。

什么是"生动"，这么抽象的词孩子可不懂。

于是，我又跟他坐在一起聊天。

"如果你觉得植物园很好玩，很想妈妈也陪着你再去一次，那你怎样讲才能引起妈妈的兴趣呢？说实话，看了你刚才写的，我觉得没什么意思，一点都不想去。"

"妈妈，里面其实挺好玩的，我看到一棵很奇怪的树，那树的叶子……还有一种花，我看见科普介绍说那种花……"

孩子来了兴致，一口气跟我介绍了十几分钟。

"很好，你把你刚才跟我说的这些内容都写下来，这就是一篇生动有趣的作文了。"

前面所介绍的，正是我跟大家推崇的第一个激发孩子写作兴趣的方法，即"聊天"。

通过聊天的形式锻炼孩子的口头表达能力，启发孩子深入思考的能力。只要孩子想得多、说得多，再把所想所言转成书面文字，就会是一篇不错的作文了。

但是"聊天"也不能解决全部问题，有些孩子能说能聊，偏偏懒得动笔写。

下面再分享第二个小方法——培养孩子书写记录的习惯。

首先，家长可以在日常生活中，鼓励孩子多动笔写东西。

"妈妈我的本子不够用了，请你明天下班后帮我买……"

"抱歉，妈妈现在有点忙，你说得太多我记不住，你能把你需要的东西写在纸上吗？"

"妈妈，我今天做了一件对不起我朋友小寒的事，感觉很愧疚。"

"你可以写封信道歉，并且提出一些补救的方案，我帮你转交给他。"

"妈妈，马上就是你的节日了，你希望我给你送什么礼物？"

"我希望收到你写的祝福信。"

其次，家长还可以鼓励孩子用写写画画的方式来释放情绪。有一天孩子跟爸爸闹了别扭，情绪不佳，我便对他说："你是不是感觉自己受了委屈，你可以去你的房间，把你的委屈、想法都写出来。"

如果孩子总是不肯动笔，家长主动给他写信也是不错的办法。

有一次爸爸对孩子犯了一个错误，事后爸爸也深刻反省，给孩子写了一封道歉信。孩子拿到信不但关在自己房间看了很久，还逐行地"批复"了一番，而后又给爸爸写了一封回信。

通过以上方法，儿子现在不但不惧怕作文，还很乐意用文字表达。不过按照一般标准，孩子的写作质量还是差强人意：简单直白、缺少修饰，另外书法也差，还经常出现错别字。

我也尝试过一开始就高标准、严要求，但结果就是孩子缩手缩脚，不敢动笔。因此，我先退一步，以调动孩子的兴趣为主。先让孩子敢写，再要求孩子写好。

在逐步提升标准时，也以正面鼓励为主。

"如果你能再举一个例子，就更生动有趣了。"

"如果你书写能工整点，就更完美了。"

如果换一种否定表达：

"故事情节太单调了！"

"字迹太潦草了！"

孩子会陷入负面情绪，就更加找不到灵感，敏感一点的孩子可能就摔笔不写了。

因此，对于小学低年级的孩子来说，当孩子刚尝试写作时，兴趣高于质量，让孩子敢写、爱写，是第一要务。

同时，"真实的情感表达"也高于文采与修饰手法，能从孩子的作文里读出水一样清澈的"童真"是非常美妙的感觉。

儿子7岁多时写了一篇作文《我的妹妹》，被我珍藏很久，不是因为写得有多好，而是头一次看到小哥哥如此"耿直"地表达了对妹妹的情感——它不仅仅是一篇作文，更是一份纪念。

我的妹妹

我很喜欢我的妹妹，因为她总能在我孤独的时候给我带来快乐。虽然她特别贪吃，一见到小朋友拿着好吃的，就逼着妈妈给她买；也特别贪玩，个子也特别小，我的腿都到她的肩膀了。但我依然很喜欢她，因为我一说"僵尸来了！"她就吓得要命，并服从我的命令，否则，"僵尸来了！"

她经常陪我一起玩，但是我一不满足她的要求，她就会装哭，然后把爸爸引来，狠狠地揍我一顿。

还有，她一从幼儿园回来，就像疯了似的冲向妈妈的房间，看着妈妈傻笑！嗯，这实在是太疯狂了！

我非常喜欢我的妹妹，同时，我也非常讨厌她。

◇ 猜谜聊天

为了提升孩子的写作能力，可以先训练孩子的口头表达能力，以及准确描述事物特征的能力。我在接儿子放学的路上，会跟他玩猜谜聊天的游戏。比如，我鼓励孩子用几个特定的词语，描述一个同学，或者一样东西，然后我根据他的描述去猜测他说的对象，如果我能猜出，则证明孩子描述准确。下面我来举一些例子：

我："我知道你有个同学叫张××，但我从来没有见过他，现在请你用5个词形容一下张同学，要保证我听了这几个词后，有一天我见到了张同学，不需要别人介绍也能知道是他。"

儿子："好的，我告诉你五个特点：个子很高，圆脸，皮肤有点黑，说话特别快，很好动。"

我："不错。希望下次见到他我能认得出。你再用5个词语描述一下你自己，我看说的是否准确。"

儿子："帅气，安静，爱看漫画书，钢琴弹得不错，有点小马虎。"

我："差不多，你自我感觉还不错哦。"

我："我们一起来描绘一下现在的季节吧，看谁说得更准确，你先开始。"

儿子："现在是冬天，冷，天空灰蒙蒙的，人们都穿羽绒服了，不适合吃冰棍了。"

我："再仔细观察一下大自然，还可以发现，树木光秃秃的，水结冰了，小鸟也很少出现了，草地也枯黄了，早上出门嘴里冒白气……"

我也经常用启发的方式提问，鼓励孩子描述自己的心情，或经历过的新鲜事。

我："今天过得怎么样？你可以用3个词语表达一下你此刻的心情。"

儿子："平静、满足、期待。"

我："今天在学校里最开心的一件事是什么？有没有发生什么不愉快的事？说来听听。"

…………

如果经常进行类似的"聊天"，孩子对事物特征的描述会更准确、更全面，也会更用心思考、用心观察。当孩子大脑里有了丰富的聊天素材，在写作文时会更容易。

◇ 联故事

《红楼梦》里的小姐公子们聚在一起时经常玩"联诗"的游戏，非常烘托气氛。玩法是有人先起一个头，大家挨个儿接下一句诗，最后会联成一首很长的叙事诗或抒情诗。记得有一次联诗是由不太有文才的王熙凤起的头，她说的第一句简单而直白——"一夜北风紧"，给众人留下足够往下发挥的空间。

为了锻炼孩子们的语言组织能力和内容创作能力，我们可以带着孩子一起玩一些类似的游戏，当然联诗太难，我们可以简化，直接联普通的句子，大家一起创作一个故事。

比如，妈妈开头说："有一天，小明放学了。"

爸爸接着说："他在路上走着走着，忽然想起一件事情。"

哥哥接着说："原来，他把家庭作业本落学校里了。"

妹妹跟着说："小明很着急，这可怎么办？"

阅读理解

提升孩子阅读理解力最好的方式就是增加孩子的阅读量，尤其是课外书的阅读量。

但"阅读"又可以分为"泛读"和"精读"两类，有些孩子的阅读量很大，读了很多课外书，但阅读理解力依然提升得很慢，这可能源于孩子的阅读方式——总是快速地泛读，没有去深入理解。那么家长可以通过跟孩子一起交流阅读过的书籍，让孩子养成精读的习惯，我们可以把这种交流称作"说来听听"。

◇ "说来听听"

"你今天看的书讲的是个什么故事，说来听听？"

"这个故事教会了你什么道理，说来听听？"

"第一段最重要的一句话（中心句）是什么，说来听听？"

家长跟孩子在良好的氛围里，一起对一本课外书的内容进行探讨，这非常有助于提升孩子的阅读理解力。即便只是让孩子把书的大概内容讲述一遍，也能强化孩子的深度思考能力，提升孩子的语言组织能力。而看完就甩手的快速泛读远远达不到这样的效果。

家长要注意的是，要让这种"说来听听"在一种轻松的氛围中进行，而不要给孩子造成压力，以至于影响孩子"享受"阅读。最好的方式就是让孩子感觉自己是在被"请教"，而不是被"拷问"，所以家长提问时应该是一种"好奇"的语气，而不是"命令"的语气。

家长可以想象一下，自己也是一个好奇的孩子，想看一本书而没有机会，刚好孩子看过了，你很想了解孩子看过之后的感受，想知道故事的大概情节。这时候，你就采用有些羡慕、好奇，甚至恳求的语气，来询问看过书的孩子。

"我非常想知道这本书里讲了一个怎样的故事，能说给妈妈听听吗？"

"我想知道你看过这个故事有什么感受，有什么收获，是否值得妈妈也去看一遍？"

◇　文字大发现

很多家长都带孩子玩过"视觉大发现"游戏，即在众多图形中找出特定的图案，比如在一群动物中找到指定的小动物，这类游戏可以锻炼孩子的观察力。

为了锻炼孩子快速阅读的能力，家长可以带孩子玩文字"视觉发现"游戏。家长可以找一篇适合孩子年龄阅读的文章（一般不要太长，小学生以课文的长度为宜），家长先看一遍文章，再提出一些词语、成语，然后把文章交给孩子，家长报出这些词语，让孩子快速从文章中找到词语的位置。

　　还有一种方式是家长将一篇文章打印两份，家长手里一份，孩子手里一份，家长读到某一个句子的前半句，由孩子接着读出后半句。

＊第二组游戏　让数学变得更容易

　　很多孩子在学龄前就自然具备了识数的能力，因为我们的生活里充满了"数字"，如果孩子能在真实的生活体验中去认识数字，要比单纯拿着书本或字卡识数效果更好。

　　数学本质上是一种抽象思维，它需要建立在大量的具象思维的基础上。而年龄小的孩子，因为大脑中具象的素材还不够，所以直接进行刻意的抽象符号学习，绝对是事倍功半。

　　比如，孩子认识"狗"这种动物，一定要在生活中见过真正的狗，最好是不同品种的狗，并且不单要见过狗，还要见过很多类似的小动物，比如猫、兔子等，孩子才会知道狗和其他小动物的区别，抓住狗的本质特征，从而真正地认识狗这种动物。

　　我们可以想象一下，如果孩子从来没有见过狗，我们用成年人的思维提炼出狗的特征符号来教孩子：狗有四条腿，一条尾巴，耳朵怎样，嘴巴如何……这样无论是教孩子，还是孩子学，难度都太大。

　　有位教育学家说过一句话："教育的本质是对孩子头脑中大量存在的纷繁的信息进行整理的一个过程，你没办法对一个空洞的大脑进行教育。"

所以，我特别反对孩子在小小年纪（幼儿园），就开始把大量时间花在读、写、记等刻意的书面知识学习上。

在生活里进行数学启蒙

家长带孩子一起购物，陪孩子玩涉及数量的游戏，或让孩子参与物品的分配，都是很好的数学启蒙方式。

"宝贝，我想给你买一个苹果，给爸爸也买一个，咱们总共要拿几个苹果？"

"现在有4块巧克力，你跟妹妹一起分吧，要分一样多，你知道该怎么分吗？"

"我们来用积木拼一座高楼，假装一块积木就是一层楼，我们要拼6层楼，得拿几块积木？如果假装两块积木是一层楼，拼6层楼要几块积木呢？"

至于阿拉伯数字的识别，带孩子走到大街上，各种广告标牌上都能发现一些数字，或带孩子走进超市，每一种商品都标注着价格数字，顺便指给孩子看一看，看得多了，孩子自然就记住了。

数字卡片有用吗？当然有用，但最好用来检验或帮助孩子巩固对数字的识别能力，而不要单纯依靠卡片来学习。

什么时间教孩子写数字合适呢？当孩子有兴趣写的时候就可以了。或者，当你引导孩子写数字，孩子能愉快接受，那也没有问题。

一般情况下，只要家长不太急功近利，不给孩子过大的压力，孩子天生都是爱学习的。

"宝贝，你知道'2'怎么写吗？你看妈妈写了一个'2'，你想不想试一试？"

孩子多半会乐颠颠地也画一个"2"。

"你怎么还写不全10个数字，会写的几个也难看，必须每天给我写10遍！"如果换成这种态度，孩子就兴致全无了。

如果孩子从小的启蒙学习，就在父母的高压下进行，那么孩子将逐渐失去天生的爱学习的内驱力，未来漫漫的求学之路，父母只能不断地施压、再施压！

加减法启蒙——口诀+演示

加减法启蒙一般是从10以内加减法开始的，虽然简单，但这是非常重要的基础，如果10以内的加减法掌握不熟，理解不够，那么接下来要学习的20以内加减法、100以内加减法就会更加有难度。

所以当孩子进入小学，正式学习数学时，10以内加减法务必让孩子掌握得极为熟练，能条件反射式地给出答案。

很多家长会通过让孩子背诵口诀来实现快速计算：1+1=2，1+2=3，1+9=10……

背诵口诀绝对有用，但还不够。对于很多学龄前或刚入学龄的孩子，机械记忆力非常强，让他背什么都能记住。但数学是一门最强调理解力（逻辑思维）的学科，光靠机械记忆远远不够。

所以，我们可以将加减法启蒙方式改进一下，在教孩子背口诀的同时，拿出一些便于数数的物体（比如积木）进行拼接和摆放，即同时用物品和动作把加减法口诀的内容展示出来。

比如，家长对孩子说"1+1=2"的同时，先拿出1块积木，再拿出1块积木，将两块积木摆到一起，然后说"2"。

也可以家长说口诀，孩子摆积木，类似于"我说你做"。

经过数次动作记忆加机械记忆，孩子才能慢慢理解加减法的真正含义。

应用题或其他难题

◇ 说画演

我们可以按照以下顺序来帮助孩子理解复杂的题意：读出来—画出来—摆出来—演出来。

对于很多孩子来说，应用题是数学最难的一部分，因为应用题不但需要数学计算，还需要分析题目含义，理解应用场景。

有时候大人看似非常简单的逻辑，不管怎么跟孩子解释，孩子都无法理解。一方面，孩子的大脑发育达不到成年人的水准，逻辑思维能力不足；另一方面，很多孩子不擅长只用"耳朵"来理解问题。

前面我们提到过，按照学习能力来分类，孩子可以分为听觉型、视觉型、动觉型三种。

一般家长在辅导孩子作业时，采取的是"我说你听"的模式，如果题目较难，孩子听觉又不敏锐，我们就需要丰富一下学习形式。如果我们拿不准孩子究竟适合怎样的学习方式，就将孩子的视觉、动觉都调动起来。

如果单凭家长解说孩子仍听不懂，可以结合图示，将题目"画出来"；如果孩子依然不能理解，可以拿出一些物品，将题目"摆出来"；如果再不行，甚至可以把题目转化成一出情景剧，跟孩子一起演出来。

举个例子，儿子在三年级时遇到这样一道应用题：一筐苹果带框称重10斤，卖掉一半的苹果以后，剩下的苹果和筐重6斤。请问装苹果的筐重几斤？

题目看起来有些绕口，简单讲解孩子可能听不懂，那么我们可以跟孩子一起把苹果和装苹果的筐都画出来，把卖苹果之前和卖苹果之后的状态都画出来，再对着图形进行讲解，孩子也许能更好理解。

如果还不行，就用实物来还原。比如找出家里的积木当苹果，找一个盘子当筐，再跟孩子一起演示一下"卖苹果"的过程（提示：只卖苹果不卖筐），孩子就更容易理解了。

◇ 错题举一反三

以前面提到的"卖苹果"的应用题为例，如果花了很多力气把孩子教会了，如何确定孩子是否真正理解其中的逻辑呢？或者如何帮助孩子强化这一类应用题的解题方法呢？

我们可以再出三道类似的题目给孩子做，三道题的逻辑一致，只将条件和场景换一下。比如：

一筐萝卜带筐称重15斤，卖掉一半的萝卜以后，剩下的萝卜和筐重8斤。请问装萝卜的筐重几斤？

　　一罐糖果带罐称重5斤，拿出一半的糖果以后，剩下的糖果和罐重3斤。请问装糖果的罐子重几斤？

　　一袋土豆带袋子称重20斤，卖掉三分之一的土豆以后，剩下的土豆和袋子重14斤。请问装土豆的袋子重几斤？

　　如果孩子能顺利地将这三道题解答出来，那么你可以放心了，此时孩子真正地理解了解题方法。如果换个条件孩子就解答不出，证明孩子仍处在一知半解的状态，家长需要继续采用前面的方法帮孩子理解题意。

　　◇　跟我做

　　数学的学习还将面临很多抽象的内容，不太适宜图像化、情景化。比如，乘法、除法的竖式计算，很多孩子刚接触时，不理解竖式计算的规则，很容易出错。如果用"说教"和"图示"都没法教会孩子，就可以考虑让孩子用"行动"来学习。所谓行动，就是家长自己一步一步地解题，孩子也在旁边，照着家长一步一步地做，就像学做广播体操一样，让孩子一步一步地进行动作模仿。

　　听起来有些不可思议，但效果确实很神奇。当孩子模仿大人解题数次之后，再给孩子出一道类似的题，也许孩子就能自己解出来了。或者，当孩子多次模仿大人的解题动作之后，再给孩子讲解原理，孩子会更容易理解。

　　就好比孩子从小学走路，我们并不需要教孩子走路的原理，不用告诉他身体如何平衡，两腿如何发力，只是让孩子学着大人不断地走就可以了。

　　前面所提到的应用题，甚至几何题，都可以采用这种方式，如果你费尽口舌孩子依然听不懂，先别着急发脾气，请拿出两张纸和两支笔，给孩子一份，自己一份，然后平静地对孩子说："现在你看着我怎么做这道题，然后你来模仿，我做一步，你跟着做一步。"

✱ 第三组游戏　让英语进入现实生活

如今孩子们学英语的资源和途径都非常丰富，英文亲子阅读、各种丰富的线上线下英语课程等，都是家庭常用的英语启蒙方式。值得一提的是，许多游戏闯关类的英语学习软件也值得尝试，这完全符合游戏式学习的精神。唯一要注意的是，电子产品的使用时间需要控制，学前阶段一次不要超过15分钟，学龄儿童一次也不要超过半小时。

语言的学习都是相通的，前面提到的所有学习语文的方法，孩子学英语时都可以借鉴。

中国孩子学习英语，最大的障碍还是缺少语言环境，学到的知识没有太多机会运用。下面，我就介绍一个与学习英语有关的游戏。

汽车英语角

上大学的时候，学校为了给大家提供一个练习英语口语的机会，会设置一个固定的"英语角"，每周固定的时间，在"英语角"里只能用英语交流。

　　为了提升孩子们的英语口语水平，家长也可以在家里设置"英语角"。比如每周五晚饭后，设一个15分钟的倒计时，在倒计时结束之前，大家只能用英语交流。

　　后来我在实践中发现有一个更好、更天然的"英语角"，即当孩子们坐在汽车里时，在这样一个狭小封闭的空间，没有太多的玩具或活动可选，正好可以设成一个"汽车英语角"。我们可以引导孩子，将家里的汽车想象成另外一个说英语的国家空间，比如"美国空间""英国空间"，每次打开车门准备出发时，这样对孩子说："现在咱们进入英国空间了，在这里我们只能说英语。"

　　如果孩子不想说，也有权保持沉默。总比聒噪不安要好。

　　如果行程太长，超过了半个小时，对孩子来说就有难度了。这时候我们可以换一下游戏规则，即只在堵车的时候要求说英语。

　　"现在车子堵住不动了，那我们来说英语吧，直到汽车开动的时候我们才能说中文。"

　　"我发现一个秘密，我们说英语越多，堵车越容易结束，要是我们都安静不说话，堵塞会很久很久。"

　　如果不会说英语，唱一首英语歌谣也行。

　　如果什么都不想说，那保持安静也行。这也好过孩子们在等待过程中不停地抱怨。

英语小剧场

每个孩子都爱看动画片以及儿童主题的电视节目，如果家长说："我们也来演一部动画片怎么样？"或者"我们也来演一段电视剧如何？"孩子一定会兴奋地跃跃欲试。

为了让孩子更好地理解"剧场"的含义，家长可以先带孩子去一些儿童剧场体验。

"小剧场"的游戏无论用什么语言玩都是有意义的，至少可以锻炼孩子的口才、胆量、思维等多方面的能力。

如果我们想提升孩子的英语水平，那么在表演的时候就要求大家都说英语，如果孩子最初不肯说，家长保证自己一直说英语就好了，孩子会慢慢跟上来。如果孩子在表演过程中说错了词，家长也不要批评，只用看着孩子的眼睛，把正确的词再说一遍就可以了。

为了积累"英语小剧场"的素材，家长平时可以多陪孩子读英文原版故事书，以及欣赏英语原版动画、电影。

在陪读和陪看的过程中，家长要做一个有心人，将孩子比较感兴趣的情节、段落记录下来，或剪辑下来，再进行简单的加工，"剧本"就有了。

如果是学龄前儿童，剧本不要太长，一次表演5分钟就足够。如果孩子到了上学的年龄，可以表演10分钟以上。

如果家长自身英语比较好，那么剧本素材可以结合孩子的状态、家里的情景等进行即兴原创。比如，孩子刚学了一些与买东西相关的词汇：buy，pay，dollar……就可以对孩子说：

"我们在家里玩一个买东西的游戏吧，假设我们都是美国人，要用英语来买东西。"

然后，我们利用家里的玩具、桌子、纸张等作为道具，一段情景剧就可以演起来了。

这一章内容讲完了，现在请大家合上书想一想：有了游戏，学习是不是也可以变得很有趣？你是否愿意陪孩子在学习中尝试一些游戏？

学以致用才是关键，今天，就带着孩子试一试吧！

记住，一天至少要尝试一个游戏！

游戏，
破解教育难题 的
金钥匙 ✎

第七章

游戏，让兴趣长久持续

✻ 不恰当的兴趣培养，让孩子丧失兴趣

在强调素质教育、通识教育的今天，培养孩子一些学科外的兴趣特长十分必要。

培养兴趣特长该从哪里着手？当然是从"兴趣"开始。

第一步，通过广泛的观察、体验，发现孩子最感兴趣或最有潜在天赋的领域。

第二步，给孩子提供充足的环境、素材，让孩子自由自在地释放兴趣。

第三步，当孩子到达一定年龄、拥有一定积累时，请专业机构或专业老师对孩子的兴趣进行专业性培养，让兴趣成为一项较高技艺水平的特长。

现实中，经常有家长省去了前两个步骤，直接跨越到第三步，把"兴趣培养"等同于"上兴趣班"。刚交完学费不久，便发现孩子只有三分钟热情，难以坚持。

在华川家庭课堂的家长课堂上，经常有家长面临"兴趣班"的痛苦纠结：

中断兴趣班？显得太没毅力，孩子以后学其他东西会不会也容易放弃？

继续坚持？家长和孩子都如此痛苦，是不是一开始就选错了方向？

要想避免以上困局，家长在培养孩子兴趣特长时，就应该

注意以下几点：

第一，在孩子自由体验尚不充分的时候，不要着急"刻意培养"。

孩子刚出生时，面临的是一个全新的世界。当孩子稍微有点活动能力以后，他就会凭着本能去探索世界。孩子几乎对所有的新事物、新环境都充满了兴趣。这是最早期的探索，对孩子的大脑发育至关重要，尤其0—3岁，这是孩子大脑发育最快的时候，孩子大脑中的各种神经联结，都需要在不断的活动、探索中产生。

让孩子自由自在地玩耍、探索，就是培养孩子最好的方式。如果过早地限定孩子的发展方向，很可能导致孩子的大脑发育不完善、不全面。

对于低龄儿童，游戏、运动对于孩子大脑的发育最有益。因为游戏、运动可以充分调动孩子的四肢、感官以及大脑联动协调发展。

如果将年幼的孩子过早地束缚在一个固定的课堂去"学习"，完全是"捡了芝麻丢了西瓜"，过度束缚还会导致孩子感统失调。

所以，家长不要在孩子的自由活动还不完全、不充分的时候，过早地限定孩子的特定发展领域；也不要发现孩子有一点兴趣的苗头，就把它当成孩子的特长刻意培养。

就好比一个婴儿，在第一次看到红色的物品时，会非常兴奋，但你不能由此判定孩子最喜欢的一定是红色，你必须让孩子认识所有颜色之后，才能判定孩子最喜欢的颜色是哪一种。

以此类推，孩子在运动、艺术、语言等诸多领域，每一个领域又有诸多细分的领域，最好都有全面的体验和充分的接触，然后考虑孩子最感兴趣的领域。

第二，不要在年龄未到时，太早送孩子进兴趣班。

自由体验和刻意学习，都可以培养孩子的兴趣。而"刻意学习"，需要孩子达到一定年龄，具备一定能力之后再开始。

比如，最重要的一项——专注力，这是跟孩子的年龄成正比的，孩子的有意注意力时间一般等于孩子的年龄乘以2～3。若将一个3岁的孩子送进一个需要专注半小时以上的课堂，是既不合理也不科学的。

比如弹钢琴、练书法，这些都需要孩子的腕部肌肉发育到一定水平。

运动也是如此，专业性的运动训练对孩子的骨骼肌肉都有要求，但自由运动就不需要，孩子会自己协调一个合适的力度。

还有一项最重要的能力——认知能力，也是随着年龄增长、体验增加而提升的。你想教孩子画一片树叶，一定需要孩子见识过足够多的真正的树叶。

另外，一旦孩子进入正规的课堂，老师在教授知识时，免不了会使用各种概念、术语，这又需要孩子有足够的语言理解能力、逻辑思维能力。这些能力也是随着孩子年龄增长、生活体验增加而提升的。

那么孩子究竟应该在什么样的年龄上兴趣班？这很难有标准答案。

一般情况下，不建议3岁以下的孩子被送进兴趣班"刻意学习"。除非某些兴趣班，本身也是以游戏、自由体验为"学习"方式的。而这种"学习"，也完全可以在家里进行。

有一些专业研究对各种兴趣培养提出了一个起始年龄：围棋、象棋4岁，钢琴等乐器5岁，篮球6岁，跆拳道6岁，书法8岁，专业性的舞蹈10岁。

这个年龄标准并不准确。首先，孩子的大脑、身体发育存在个体差异；其次，孩子在生活中的"原始积累"也有差异。

家长最好的判断方式是先带孩子在家庭、生活、自然中，给孩子充分体验，进行初步的家庭启蒙之后，再根据孩子的状态和需求，确定是否报兴趣班。

比如，我决定让儿子正式学钢琴，是基于以下前提：儿子在胎儿阶段就开始了音乐启蒙，因为孕期我正好在学钢琴；家庭音乐环境比较好，我和先生都喜欢音乐，无论家里还是车上，都经常播放精选的钢琴曲目；儿子稍微有了活动能力，就开始敲打家里的钢琴取乐，表现出非常高的兴趣；儿子4岁多就主动要求学钢琴；孩子所在幼儿园里有钢琴课，学起来很方便。所以我们在儿子不到5岁时，就让他开始了正式的钢琴学习。

第三，不要将孩子的学习全部寄托在兴趣班。

即便给孩子报了兴趣班，即便孩子有了固定的、专业的学习时间，家长也不能完全放手。

对于孩子的成长，家庭的影响始终是第一位的。从兴趣特长的培养来看，家庭也要长期发挥作用。下面，我仍然以学钢琴为例，来阐述一下当孩子已经正式上钢琴课之后，家长或家庭还需要发挥的作用。

作用一：继续浸润式的生活熏陶。

如果孩子已经正式学钢琴，在刻意学习以外的时间，家长可以经常带孩子一起鉴赏优美的钢琴曲，或者带孩子去听音乐演奏会，给孩子买音乐家的书籍，陪孩子阅读，经常跟孩子一起谈论音乐，一起交流欣赏过某一些音乐之后的感受。

作用二：敦促孩子在家进行相应的练习。

有些兴趣特长的培养是需要每天练习的，家长要发挥督导的作用。学钢琴是三日不练手生。在孩子尚未形成每天自主练琴的习惯之前，家长的敦促很重要。

作用三：欣赏孩子的技艺。

孩子学一项技能，除了自身的爱好外，还需要更多的价值感来激励。被人欣赏，就是一种很好的激励方式。家有琴童，家长少不了要陪练陪听，如果把这种"陪"从"监督"转为"欣赏"，孩子的感觉会更好。尤其是当孩子弹熟一首曲子之后，家长用心地听孩子完整地演奏一次，并给予孩子真诚的鼓掌和赞美，会带给孩子更多动力。不是每个学乐器的孩子都有机会站在真正的舞台上，但家庭可以成为孩子永远的舞台，父母可以成为孩子永不缺席的观众。

作用四：当孩子遇到困难时，给予鼓励安抚。

这一点非常重要。学习任何一项技艺都不是一帆风顺的，哪怕是个天才，也会遇到困难和挫折。以学钢琴为例，首先随着练习曲目难度的提升，对孩子大脑理解力、手脑协调能力的要求越来越高，孩子很容易出现畏难情绪；其次，每一首曲子都需要无数次的重复练习才能提升弹奏水平，这个漫长的重复过程也容易让孩子心生倦意。

老师教导孩子的时间有限，而且也主要是从专业上进行指导。所以当孩子遇到困难和挫折时，需要最亲近的人，从心理上、情感上给予安慰和鼓励。这个任务最好由家长来承担。

很多原本有兴趣、有天赋的孩子，往往是在一些关键的瓶颈期，由于缺少恰当的鼓励和引导，从而一蹶不振，放弃了坚持。

当孩子在学习一门才艺的过程中，遇到了困难，家长究竟应该怎么鼓励？

最常用的是语言鼓励："我相信你可以战胜困难！""你再努力试一下，你一定可以的！"等等。

如果孩子遇到的困难不算太大，及时的语言鼓励就能起到一定效果。但如果孩子遇到切实的困难，口头鼓励就收效甚微了。就好比每个家长都曾语言鼓励孩子考100分，但许多孩子却经常考不到100分。

还有一些家长会采用物质性的奖励，比如，"你今天弹对了这首曲子，就给你吃一块巧克力。"物质奖励一开始给孩子的诱惑很大，效果会超过语言鼓励。但物质奖励的弊端也是显而易见的，那就是让孩子逐步丧失学习的"内驱力"——"我不是为自己而学，而是为了他人的奖励而学"；并且，随着时间推移，孩子需求奖励的胃口会越来越大。

真正持久有效的鼓励，需要"态度+语言+行动"等多种手段的融合，在我们的家长课堂里，会有更多详细的阐述。

下面主要介绍如何通过"游戏"的方式，让孩子度过这些困难期和瓶颈期，如何让孩子长久地保持"兴趣"。

＊第一组游戏　学钢琴或其他乐器

耳朵饿了

学钢琴是一件需要长期坚持的事，很多时候，孩子会觉得练琴有些枯燥无聊。这时候家长的鼓励尤为重要，尤其是增加孩子价值感的鼓励。下面跟大家分享我陪孩子弹钢琴时常玩的钢琴游戏——耳朵饿了。

到了孩子练琴的时间，我一般不会直接催促，而是"恳求"孩子："宝贝，我的耳朵饿了，需要你的钢琴声把它喂饱。"

如果孩子仍然无动于衷，我会用更夸张的语气说："我的耳朵好饿好饿啊，求你了，给我点食物吧！"

女儿这时就开开心心地弹钢琴了，弹过几遍之后还问妈妈："你的耳朵吃饱了吗？"

有时候我觉得孩子练得够多了，就说"我的耳朵吃饱了"；有时候我还想让孩子多弹几遍，就说："嗯，差不多已经吃饱了，要是再来点儿小点心就更好了，要不然你再弹一首《玛丽有只小羔羊》，那是我的耳朵最喜欢的点心。"

大多数情况下，孩子会开心地继续满足我耳朵的"胃口"，但有时候孩子确实疲惫了，我也不会太强求，否则就会破坏游戏带来的快乐氛围。

游戏并不是万能的，尽管这些游戏在低龄孩子刚开始学习钢琴时非常重要。

为了让孩子养成每天练琴的好习惯，在华川家庭课堂，我们还会指导家长借助正面管教工具，帮孩子设立钢琴练习的"日常惯例"；利用计时器，培养孩子的时间管理能力；建立好亲子联结，调动孩子学习的内驱力；观察和发掘孩子的天赋智能，选择最适合孩子长期学习的才艺；等等。

如果我们做好了以上所有功课，就相当于解决了"根"的问题，孩子在学习的过程中遇到了具体的问题，也相当于是"枝叶"的问题；这时候，我们再运用一下"游戏"，就会起到点石成金的效果。

你弹我跳（健身操）

我家大宝川哥已基本做到了自主练钢琴，不需要陪伴和催促，但有时候，我在书房里听见有节奏的琴音，会忍不住走到钢琴旁，一边听儿子弹钢琴，一边做些简单的运动，正好放松一下久坐的身体。

川哥一边弹奏，一边瞟到我在旁边做运动，就会弹得格外起劲儿。

我们一起把这个游戏称作"你弹我跳"。我经常在工作累了，想起身活动一下的时候，就请川哥给我"伴奏"，川哥知道自己的钢琴可以帮妈妈锻炼身体，也特别有成就感。

按摩游戏

学钢琴是非常辛苦的一件事，尤其是当孩子开始学的年龄较小，经常会有体力不支的时刻。

在孩子初学钢琴的一两年内，我大部分时间会陪着孩子弹奏。因为孩子太小，独自坐不住，遇到难题或疲倦的时候，也需要家长的帮助。比如，5岁的女儿在练习新曲子的时候，弹得非常慢，非常吃力，经常弹一小会儿就说："妈妈我太累了。"

孩子说累的时候一般是真的累了。这时候家长最好表示体谅，而不要斥责孩子偷懒，破坏孩子的情绪。但"体谅"并不意味着放弃，而是应该陪孩子一起想办法战胜困难。我常用的方法是让孩子坐在琴凳上，由我给孩子按摩肩膀，或捏捏手指。一般不建议孩子随便离开琴凳去另外的地方休息。孩子要离开钢琴去客厅休息，一般至少要弹够10分钟以上，这是为了帮孩子养成专注的习惯。所以，当孩子弹了几分钟就说累时，我就让孩子在琴凳上坐着进行按摩放松。

我经常会跟初学钢琴的女儿约定，"咱们每弹完3遍，就玩一次按摩游戏，妈妈是一位按摩大师，能给你的身体按摩、加油，然后接着弹就不那么累了。"

按照这种方式，女儿最开始学钢琴的节奏的确非常缓慢，经常弹一小会儿就得放松。但相比暴力强迫孩子练琴，这个"慢"能让孩子保持对钢琴的热情，慢得也很值。

当孩子把一首新曲子弹得比较熟练了，就不会一直央求我

给她按摩了，也会积极主动地连贯弹奏。这时候我就会换成
"耳朵饿了""你弹我跳"游戏，继续增强孩子的成就感。

小房子游戏

小朋友在刚学钢琴时，手型不容易控制好，小手容易"趴在"琴键上。很多有经验的幼儿钢琴老师也会采用游戏的方法，让孩子记住正确的手型。我在陪女儿上钢琴课时，注意到钢琴老师用"搭一个小房子"的游戏来帮孩子建立正确的手型，即让孩子把5根手指都立起来，手掌下面形成一个拱形的空间，就像一座小房子。

"小兔子就住在这个小房子里，千万别让小房子塌下来了哟！"老师会这样提醒孩子。

在家练习钢琴时，我注意到孩子会不经意地把手又趴下来，这时候，如果我严厉地说："手型错了！""这样不对！"这会让孩子产生负面情绪，打击孩子的积极性，所以，我一般会用很温柔的声音提醒：

"我看见小房子要塌下来了，里面的小兔子要被压住了。"

"哎呀，小房子又要塌了！"

"真棒！小房子又立起来了，小兔子又安全了。"

到了后来，我就不说太多的话打搅孩子的弹奏，只轻声问一下："看看你的小房子，现在还安全吗？"

孩子发现问题就会自觉调整了。

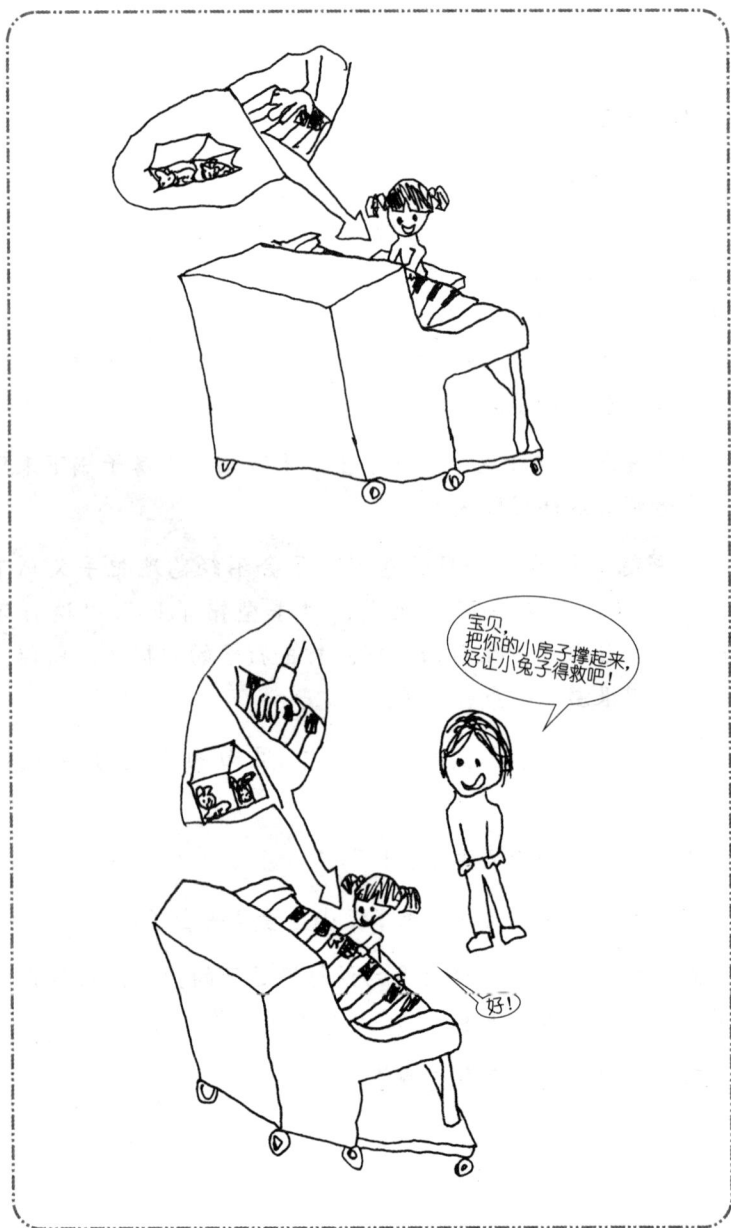

*第二组游戏　学游泳或其他运动项目

什么是对孩子有用的运动？理论上讲，只要能让孩子"动"起来，就有了益处，而至于动作是否规范、技术是否标准，倒在其次。孩子的人生还长，只要保持着学习的热情，迟早能学会标准化的技能。

在我的家长课堂（"华川家庭课堂"），出现过这样一个案例。有一个5岁的孩子，妈妈带她学游泳，几次课下来，孩子都不肯跟着教练的节奏来，很多规定动作不敢做，后来家长不知道受了什么启发，"狠心"把孩子扔进水里，强按着孩子的头没入水中，孩子激烈反抗，痛哭不已，从此对水产生了恐惧，再也不肯进游泳池。

而与之对照的另外一位家长的做法是，从孩子婴儿期就陪孩子进行亲子游泳，严格来说不算游泳，孩子一般都带着游泳圈，或各种游泳玩具，跟大家一起玩水而已。玩了很多年以后，有一次这个孩子看见其他孩子在学游泳，便主动要求学游泳。家长给孩子报了正式的游泳班，孩子学得很快，但也会遇到瓶颈期，这时候家长没有强推，而是陪着孩子一起学，一起游，当孩子出现恐惧或畏难情绪时，家长要么在一旁大声鼓励，要么亲自下水游到孩子身边，跟孩子玩小时候玩过的戏水游戏，孩子的身心很快得到了放松，过了一段时间就突破了学游泳的瓶颈期。

不同孩子的肢体运动、智能发育水平不同，有些孩子三四岁就能学会一项运动，有些孩子要到七八岁，甚至更大年龄，这都没有问题，如果我们不是培养专业运动员，就不需要着急这一时一刻。对于大多数普通孩子而言，运动的目的是锻炼身体，放松身心，我们可以选择孩子最喜欢的运动形式，以轻松愉快的亲子游戏的方式来进行。

比如跑步，家长可以跟孩子一起玩比赛跑步的游戏，游戏规则是孩子可以奔跑，家长只能快步走。

再比如，可以设立一个终点，孩子单脚跳，家长双脚跳，家长孩子一起比赛，看谁先到达终点。

如果家长孩子人数多，一起玩的运动游戏就更多了，比如常见的"老鹰抓小鸡""老狼几点钟"等。

为了锻炼孩子的平衡能力，家长还可以带着孩子一起在户外做平衡运动游戏，比如走平衡木。如果没有平衡木，找到类似的台阶，或者任何一条笔直的路，让孩子平举着双臂沿着直线行走，都可以达到锻炼平衡能力的目的。

日本著名的儿科专家松田道雄提出，"孩子每天户外活动两个小时，将会显著提升免疫力。"这个户外活动的定义非常宽泛，没有说一定是某项标准的运动，而只要满足两个条件即可，一是"户外"，二是"活动"。奔跑、跳跃、滑滑梯、荡秋千、你追我赶，都是有益的活动。

在孩子年幼时，家长可以通过一些规则约束少的户外运动、游戏，充分锻炼孩子的体能，等到孩子身体素质足够好，年龄也足够大（一般7周岁以上的孩子更适合刻意学习），再让孩子学习规范的运动技能比较好。

＊第三组游戏　激发孩子的绘画兴趣

1.大多数孩子都热爱绘画

绘画，几乎是适合所有孩子的艺术启蒙形式。每个孩子都是天生的艺术家，孩子对绘画的兴趣开始得也非常早。很多1岁多的孩子，在还不具备语言表达能力时，就可以非常自信地"涂鸦"了。等到了两三岁，孩子就对颜色、形状产生了更浓厚的兴趣。大多数学龄前儿童，只要家长递给他们画笔，他们都会兴致勃勃地开始"作画"。

因此，培养孩子绘画的兴趣非常容易，很多孩子甚至不需要刻意培养，只要家长给他们提供创作空间，不采用一些不恰当的"教育"方式去破坏孩子的兴趣就好。

画画对孩子的第一大帮助——培养专注力。

我家两个孩子都非常喜欢画画，尤其是大宝川哥，从幼儿园开始，每年都要画完几筐油画棒，几公斤A4纸，但是相比培养其他才艺，这点成本可以忽略不计。

川哥是个特别敏感而暴躁的孩子，从两岁多第一个叛逆期开始，到整个幼儿园阶段，我每时每刻都在绞尽脑汁跟他斗智斗勇，十分忙乱。

记忆里最和谐美好的时光，便是他独自安静地画画的时光。

每天从幼儿园回来，大概有这样半小时的珍贵时光，我会用这个时间，放心地忙我自己的事情。忙完之后，我可以舒服地躺在沙发上，静静地欣赏小画家痴迷于创作的样子。

现在的家长都关心如何培养孩子的专注力，那么，第一个建议就是让孩子爱上画画。

一个热爱画画的孩子，在自由创作时，他的专注力超乎你的想象。据科学研究，儿童的有意注意力时间是孩子年龄的2～3倍，大家可以测试一下，当孩子沉迷于绘画时，这个时间会不会更长。

画画对孩子的第二大帮助——情绪管理和情绪释放。

我们都知道，一个几岁的孩子经常会陷入情绪失控状态，大哭大叫滚地板。这跟孩子大脑的发育程度有关。另外，孩子的表达能力也有限，有时想说说不清，想做做不到，哭喊就成了本能的表达。

而画画或涂鸦，可以说是孩子另外一种更简单的语言表达。有学者专门研究得出结论：孩子画画的能力，比语言开始得更早。

一个两三岁的孩子，说话可能还磕磕巴巴。但当他拿起画笔时，就可以自由自在地表达。

很多孩子心里受了委屈，同时也知道在成年人的规则里，哭也不好，闹也不乖，那该如何释放这么强烈的负面情绪呢？

当川哥出现这种情况时，我会去拥抱一下他，摸着他的脑袋说：

"我知道你现在心里不好受，说又说不出来，你不如去画一幅画吧，想画什么就画什么。"

孩子转身进到他的房间。十几分钟之后，我听见里面传来咯咯的笑声，待我走到川哥身边时，我发现他把抢东西的妹妹画成了一个小丑，小丑身边还围着一堆"臭臭"。

可能有人觉得，哥哥这样丑化妹妹不太好。但至少这种方式不会造成任何伤害。况且，等孩子气消了，心情好了，依然是一个愿意陪伴妹妹玩耍的好哥哥。

川哥在上幼儿园时也经常会跟其他几个调皮的孩子发生冲突，回到家里，他只要画完几幅奥特曼大战怪兽的画，就能平复情绪。

如今川哥已经上小学了，学的知识更多，眼界更加开阔，已经开始思考人生了。这时候，绘画就成了他表达理想的一种方式。

有时候孩子跟我说，他长大了想当科学家，同时，他会在白纸上画一个复杂的科学实验室。

比川哥小4岁的二宝，受哥哥的影响很大，她4岁时的理想是长大了卖冰激凌。因此，在她很长一段时间的绘画创作里，总是会有一家冰激凌店。

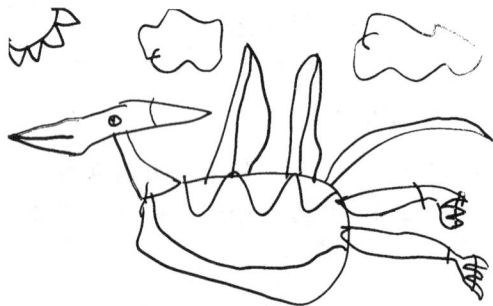

　　有一天我正在电脑前写作，女儿兴奋地跑过来，拉着我的手说："妈妈你快去看，好多好东西！"

　　我跟着她走到了画板前，上面画着各种吃的、玩的、衣服，还有王冠、首饰。

　　"妈妈，这些都是我长大之后要送给你的生日礼物。"

　　我赶紧用手机把女儿的作品拍了下来，珍藏好，"这幅画已经是很棒的礼物了。"我告诉孩子。

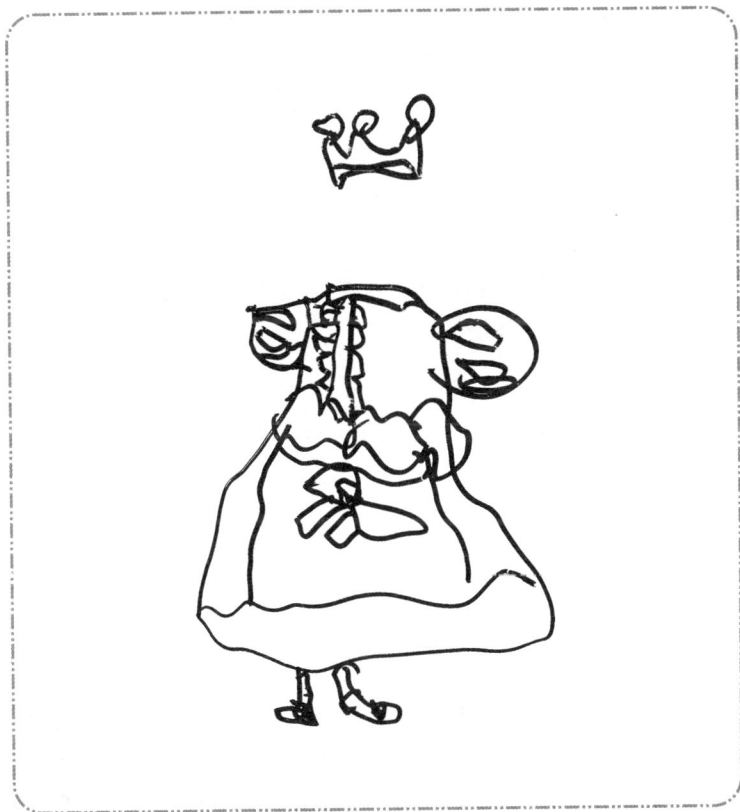

2. 如何让孩子对绘画保持兴趣

既然画画的好处那么多，那么该怎样培养孩子画画的兴趣呢？

我多年的好友，出身艺术世家的叮当妈认为：每个孩子都是天生的艺术家，大人别去妨碍就好。

我自己两个孩子的成长经历也正好印证了这一点。

当我注意到孩子们有绘画的兴趣时，我只做了三点。

◇ 提供创作材料

A4纸、油画棒、水彩笔、画板等，置于孩子"唾手可得"的位置(客厅的茶几、矮书桌、卧室的小壁橱)，一旦孩子想创作，可以在一分钟之内获得所有的创作材料，而不需要爸爸妈妈帮忙。

一两岁的孩子，喜欢玩沙子、水、泥巴，以及各种可以涂抹的东西，这是孩子涂鸦创作的一种方式，给孩子机会，不要阻止。

◇ 不干扰

除了周末，平时家里不开电视。家长也不玩电子产品。

在孩子们创作时，我偶尔会站在身后静静地欣赏，从不主动指教。诸多美术教育专家一致认为：学龄前的儿童绘画，不需要"教"。

有法国学者认为：幼儿期的孩子，是根据自己的感觉来创作的，可称之为"感觉写实主义"绘画。孩子绘画的目的是自由释放自己的感情，不需要被成年人的技巧束缚。

对于大一些的学龄儿童，已经进入"视觉写实主义"阶段了。这时候，大人可以引导孩子认真观察身边的事物，构成创作的素材。比如："你可以仔细观察一下院子里的梅花，然后把它画出来，注意每朵花有几片花瓣。"

但大人的作用仅限于引导启发，究竟怎么画，画的是否"像"，都是孩子自己的事。

◇ 倾听与欣赏

有时候我正在厨房忙碌，或者正在书房写作，孩子们会兴奋地跑进来："妈妈，你快去看，我又画完了一幅画！"

我一般都会停下手里的事，陪孩子一起去欣赏他的作品，耐心听孩子激动地跟我解释他的作品，同时捎带附和："哇！我明白了，真是太有趣了！"

日本著名教育家、画家鸟居昭美认为："孩子的画，不仅要被人看到，还要被人倾听，这样才能真正成为一幅完整的绘画作品。"

孩子越来越大，学业任务开始变得繁重，画画的时间不像以前那么多了，画得越少，就越提不起兴趣，这时候，就到了家长为孩子"加油充电"的时候了。

下文总结了几个让孩子持久保持绘画兴趣的小游戏或小方法。

☆ 夸张的观众

家长永远对孩子的绘画作品充满热情，这也是孩子自己保持绘画热情的原动力之一。

家长的热情可以通过对孩子每一次绘画作品的欣赏和反馈来体现。每当孩子完成一幅作品时，我都会去认真欣赏，欣赏时会流露出很夸张的惊喜表情（大部分情况是真的惊喜）。

"哇！这幅画太有想象力了！妈妈都想不出来你会画出这样的作品，快跟妈妈说说你画里的故事！"

"嗯，这幅画看起来很有深度，我来猜猜你画的是什么意思。"

"你今天画的这幅画太有趣了！我得仔细看看。"

☆ 电子美术馆

家长认真欣赏孩子的绘画作品，会给孩子很大的鼓励。如果还能郑重其事地将孩子的作品收藏好，孩子会更觉得有价值感。

大宝还小时，我曾用专门的一个袋子来装他的涂鸦作品，后来孩子画得越来越多，收纳成了难题。

于是，我采用了"电子美术馆"的形式——用手机云盘来存储孩子的作品。

我在手机云盘里为两个孩子建立了画画的文件夹，每次看到孩子创作的有趣的作品，就用手机拍下来，存到文件夹里。

我经常让孩子看我的手机文件夹，告诉他们："你看，你俩的美术馆已经有这么多作品了。"

所以，现在两个孩子已经形成了习惯，每画完一幅画，就跑来叫我拍照，给他们存到自己的"电子美术馆"。

☆ 共同创作

让两个孩子或几个孩子一起创作一幅画，也会有意想不到的乐趣。在二宝女儿也开始涂鸦时，我买了一个0.6米×0.9米的画板，画板非常宽大，两个孩子经常一起在画板上画画，有时候一起画恐龙，有时候哥哥画一个奥特曼，妹妹就画一个怪兽来战斗。这种共同创作的过程，既启发了孩子的思维，也加强了孩子们之间的合作与竞争，创作出来的画作格外生动有趣。

☆ 好奇的憧憬

激发孩子的好奇心，可以有效地调动孩子的内驱力和创造力。而让孩子保持好奇心的最好办法，就是家长自己拥有一颗"好奇心"。

为了鼓励孩子们创作，无论是写作还是学钢琴，以及绘画，我经常会用自己的"好奇心"来调动孩子的创作欲和表现欲。

比如，上午我带孩子们在公园里玩了半天，下午回到家，我会跟孩子谈论："今天玩××项目的时候你最开心……你要是把这些开心的时刻记录下来，保留下来该多好啊……你要是把××场景画成一幅画，那该多有趣啊！我特别好奇你会画出什么样子的画。"

　　比如，有时候我正在工作，孩子们感觉很无聊，待在我旁边希望我能陪他们玩。我就会说："你们看妈妈工作的样子酷不酷？要不你们画一幅《妈妈工作图》吧，我很好奇你们会把妈妈画成什么样子，不会是个丑八怪吧？"

　　孩子们嘻嘻哈哈地就跑去画我了，有时候他们会故意把我画得很夸张，当我拿到画时，我会表现得更加惊喜或夸张，小画家们就充满了成就感。

　　当我在写这本书的时候，我跟川哥说："妈妈正在写一本关于游戏的书，都是我跟你还有妹妹一起玩过的游戏，要是你能把妈妈写的这些游戏都画出来就好了，你的画也许比妈妈写的文字更容易让人看懂。"

　　川哥兴致勃勃地开始画我书中写过的这些游戏，后来和出版社商议决定，就把川哥的这些画放到书中当插图。虽然相比专业的插画师，川哥的插图很稚嫩，但当孩子们看到这些稚嫩的插图时，一定会有更深的共鸣，也希望川哥的这些画，能激励孩子们都勇敢地去创作。

游戏，
破解教育难题的
金钥匙

结　语

每个人都能成为原创游戏大师

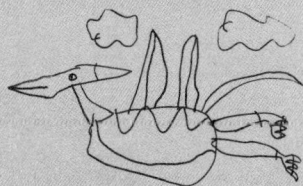

　　如果你已经读完了前面的内容，现在可以合上书回想一下，自己究竟记住了多少游戏。如果你能记住一半以上的游戏，可以说记忆力已经非常惊人了。

　　很多家长会有这样一种苦恼：阅读的时候感觉良好，事到临头了，却忘了如何运用。

　　解决这个问题有两种途径。

　　第一，刻意练习。家长可以给自己制订一个游戏实践计划表，每天明确规定自己陪孩子玩两个以上的游戏。在决定玩哪个游戏之前，看书温习一遍，熟悉一下游戏的流程。实践，才能让知识实现价值。

　　第二，学会自己原创游戏。每位家长都可以成为原创游戏大师，而孩子更是拥有与生俱来的游戏大师的潜质。只要家长保有一颗童心，愿意跟孩子一起探讨，一定能够随机应变地创造出无数个游戏。

　　在讲如何原创游戏这个话题时，先给大家介绍下面几个概念。

　　◇　万物有灵

　　瑞士教育学家皮亚杰，也是著名的儿童心理学家。他在儿童认知发展理论中提出：7周岁以下的孩子，会认为"万物有灵"。这就是著名的"万物有灵论"，即孩子会认为一切事物都是有生命的，包括动物、植物、玩具，甚至桌椅板凳，全部都拥有生命和情感。这也是为什么当一个两岁的宝宝撞到了椅子，姥姥拍椅子一巴掌，孩子就会觉得很解气。

许多孩子喜欢玩洋娃娃、毛绒动物，甚至搂着最心爱的毛绒玩具睡觉，并且对着它们说话。还有一些孩子会给自己最喜欢的洋娃娃准备衣服、房间，并给它喂食。这都是"万物有灵论"的证据，孩子把洋娃娃当成跟自己一样的生命体。

利用这一点，我们就有了很多原创游戏的灵感，即把孩子身边一切物品，都当成有生命的东西，让它们直接跟孩子"对话"。比如，有些孩子在家里喜欢光着脚，连袜子也不穿，这时候妈妈就可以拿着袜子，假装袜子跟孩子说话："我饿了，谁能给我喂一只胖胖的小脚丫？"

比如，有些孩子喜欢乱扔东西，尤其是两三岁的孩子，动不动就把毛绒玩具扔一地，家长跟他讲道理又听不懂。这时候，家长可以假装毛绒玩具跟孩子说话："你刚才把我摔得好疼啊，你不要乱扔我好不好，我想回到自己的家。"这种教育方式，不但让孩子更快地纠正行为，还能培养孩子的"同理心"。

以此类推，但凡日常生活里孩子不肯合作时，我们都可以利用"万物有灵论"跟孩子玩各种游戏。比如孩子不肯洗脸，我们就让毛巾跟孩子说话；孩子不肯刷牙，我们就让牙刷跟孩子说话；孩子不肯吃蔬菜，我们就让蔬菜跟孩子说话。当生硬的"命令"变成有趣的游戏时，孩子会感觉更好，也更容易配合。

◇ 童话世界

除了将生活中的物品拟人化，我们还可以"邀请"童话世界里的人物、动物进入孩子们的生活。一个简单的办法就是家长多陪孩子看童话绘本，或一起看动画片，每一个童话故事都可以成为孩子生活里的游戏素材。

比如，我曾陪孩子们一起看过动画片《美女与野兽》，动画片里有个场景，即被施了魔法的城堡里的所有人都变成了家具，里面的桌子、椅子、茶壶、烛台都是由人变成的，所以它们都有情感，也都会说话和走动。这一点也非常符合"万物有灵论"。孩子们看过这个动画片后，我们再将生活里的物品拟人化，孩子就更容易接受了。比如有一次，女儿找不到她最喜欢的水杯，哭得非常崩溃，我就会说："你的水杯是不是出去参加舞会了？就跟《美女与野兽》里的茶壶太太一样，也很喜欢跳舞。"

还有一部著名的动画片叫《头脑特工队》，这部动画片对情绪管理很有帮助。剧情里把人类的各种情绪变成了5个蹦蹦跳跳的小人，非常有意思。表示快乐情绪的"乐乐"是个带着光圈的星星一样的女孩，"忧忧"则是一个有点胖的蓝色的女孩，另外还有"怕怕""厌厌""怒怒"3个小人。

如果家长跟孩子一起看过这部动画片，一起熟悉过这些角色，就可以把它们带到孩子的生活中来。比如，当孩子快乐时，家长可以说："现在是'乐乐'在做你大脑的负责人，真好。"

当孩子发脾气时，家长可以小心翼翼地问孩子："是不是'怒怒'来控制你的大脑了？你想让'乐乐'回来吗？"

还有一部家喻户晓的经典动画片《白雪公主》，在动画片里，7个小矮人都有自己独特的名字，是跟他们的个性特点相对应的。比如，爱打瞌睡的小矮人叫"瞌睡虫"，爱生气的小矮人就叫"爱生气"。如果家长陪孩子一起看过这部动画片，在生活中遇到孩子有类似表现时，家长就可以对孩子说："你现在还没睡醒，是不是有点像'瞌睡虫'小矮人啊？"

"你生气了吗？让我想起那个叫'爱生气'的小矮人了。"

家长在说这些话的时候，还可以模仿动画片里小矮人的样子："我就是爱生气，我特别爱生气！"

这种沟通方式，会让孩子感觉很舒服，如果孩子被逗乐了，瞌睡也就没了，气也就消了。

这种类似素材还有很多，除了动画片，还有童话书、儿童绘本等。每一个故事，都可以成为一个游戏创意。

比如格林童话里《小红帽》的故事，就可以用来改编成安全教育的游戏。总之，建议家长多陪伴孩子阅读，多带孩子一起输入各种童话故事。到了现实生活中，等需要用游戏来解决问题时，原创游戏的素材可以信手拈来，孩子也可以把思维迅速切换到童话故事中。

◇ 角色扮演

前面提到的是原创游戏的灵感和素材，接下来再介绍一个原创游戏的基本法则——角色扮演。

家长可以跟孩子玩的游戏分很多种，有些简单，有些相对复杂，其中最简单易学的是"角色扮演"。

首先，根据"万物有灵论"，家长可以扮演任何一件物品，让物品变得有生命，直接跟孩子对话。

其次，结合家长与孩子一起读过的童话故事或观看过的动画片，家长可以扮演这些故事情节里的任何一个角色。

最后，家长可以直接扮演孩子，也可以让孩子扮演家长。比如一个四五岁的孩子耍赖了："我偏要玩滑滑梯，我还要再玩滑滑梯。"家长就放下成年人的身份，假装自己也是一个四五岁的孩子，跟孩子一起耍赖："我就不想玩滑滑梯，我就想回家吃东西。"孩子从家长的表演里看到了自己的影子，也就有同理心了。

再比如，家里有两个孩子时，经常发生争抢的冲突，家长提什么建议孩子们都觉得不公平。这时候可以让孩子们来扮演家长，看他们自己如何处理类似的争端。

总结一下，原创游戏的三个要点：游戏的灵感源自"万物有灵论"；游戏素材的主要来源是家长和孩子共同欣赏过的童话故事；原创游戏最简单的方式是"角色扮演"。

掌握了这三点，每位家长都可以随时随地原创游戏，每个人都可以成为游戏育儿大师。

在写这本书的过程中，很多参加过华川家庭课堂、收听过游戏育儿课的家长，也在不断地向我反馈他们在生活中活学活用，以及原创的一些小游戏，非常精彩，也非常有效。下面以一位3岁男孩妈妈的分享作为本书的结尾：

今晚催娃刷牙时，我突然想起爸爸上周用了一个我们取名为"袋鼠跳"的游戏，很快解决了孩子不愿刷牙的难题。

爸爸说："九宝，我们来玩'袋鼠跳'，跳去哪呢？是不是该刷牙了，那跳去卫生间吧。"九宝兴冲冲地跟爸爸跳着去卫生间了。刷完牙还要求继续跳，跳了一圈后爸爸说该跳去卧室睡觉啦，大袋鼠困了。那晚就很愉快地解决了刷牙睡觉的事，没有拖拉。

今晚九宝吵着要看手机，说教无用。冷静后，我说："九宝，我们来玩压路机游戏吧。"我知道这娃对挖掘机、铲车、压路机最感兴趣。果然，压路机游戏玩下来后，九宝和我都筋疲力尽。

又回想起今天早上，在解决孩子起床难题时，我也运用了游戏的方法。

早上因为娃的奶奶清早和朋友出去了，送娃上学的事就交给我了。七点钟娃舍不得起床，一直赖床，使用"器官醒了"的游戏已无效。我在九宝耳边轻轻地说："昨晚的小袋鼠变成小懒猪了吗？袋鼠妈妈要上班了，要不小袋鼠快点跳到妈妈袋子里来吧。"九宝听了嘴角开始露出点微笑，我继续变着口气夸张地说："小袋鼠，你再不快点，袋鼠妈妈的袋子就要关上了，你就进不来了。"果然，九宝一翻身就爬到我身上了……

我想这就是游戏的魅力吧，生活中游戏无处不在……有时候游戏比说教更管用。

参 考 文 献

[1]Jane Nelsen, Ed.D. POSITIVE DISCIPLINE. New York: Ballantine Books, 2006.

[2]劳伦斯·科恩.游戏力.李岩，译.北京：军事谊文出版社，2011.

[3]丹尼尔·西格尔，蒂娜·佩恩·布赖森. 全脑教养法：拓展儿童思维的12项革命性策略.周玥，李硕，译.杭州：浙江人民出版社，2013.

[4]林薇.唤醒儿童学习力.北京：五洲传播出版社,2016.

[5]华川.温和而坚定地养儿育女——二胎妈妈正面管教践行记.武汉：武汉大学出版社，2018.

[6]简·尼尔森，谢丽尔·欧文，罗丝琳·安·达菲. 0～3岁孩子的正面管教.花莹莹,译.北京：北京联合出版公司，2015.

[7]简·尼尔森，谢丽尔·欧文，罗丝琳·安·达菲.3～6岁孩子的正面管教.娟子,译.北京：北京联合出版公司，2015.

[8]劳拉·马卡姆.父母平和孩子快乐：如何停止吼叫,与孩子建立理想关系.刘海青,译.上海：上海社会科学院出版社，2014.